GERIAUSIA TORTAUS RECEPTŲ KNYGA VISIEMS

100 neįtikėtinų pyragų, pyragaičių, sausainių ir bandelių receptų kiekvienai progai

Bronislava Mikalauskas

Visos teisės saugomos.

Atsisakymas

Šioje el. knygoje pateikta informacija turi būti visapusiškas strategijų, kurias šios el. knygos autorius ištyrė, rinkinys. Santraukos, strategijos, patarimai ir gudrybės yra tik autoriaus rekomendacijos, o šios el. knygos skaitymas negarantuoja, kad rezultatai tiksliai atspindės autoriaus rezultatus. Elektroninės knygos autorius dėjo visas pagrįstas pastangas, kad elektroninės knygos skaitytojams pateiktų naujausią ir tikslią informaciją. Autorius ir jo partneriai neprisiima atsakomybės už bet kokias netyčines klaidas ar praleidimus. El. knygos medžiagoje gali būti trečiųjų šalių informacijos. Trečiųjų šalių medžiagą sudaro jų savininkų nuomonė. Todėl el. knygos autorius neprisiima atsakomybės už bet kokią trečiųjų šalių medžiagą ar nuomones.

El. knygos autorių teisės priklauso © 2022, visos teisės saugomos. Draudžiama perskirstyti, kopijuoti arba kurti išvestinį darbą iš šios el. knygos visos ar jos dalies. Jokia šios ataskaitos dalis negali būti atgaminta ar perduota bet kokia forma be raštiško ir pasirašyto autoriaus leidimo.

TURINYS

TURINYS 3

ĮVADAS 7

PYRAGAI 9

   1. Moliūgų pyragas 10
   2. Pietinis saldžiųjų bulvių pyragas 12
   3. Spanguolių pyragas 15
   4. Itališkas artišokų pyragas 18
   5. Spagečių mėsos kukulių pyragas 21
   6. Kreminis rikotos pyragas 24
   7. Moliūgų pyrago sūrio pyragas 26
   8. Kaimiškas kotedžo pyragas 29

SOUFFLE 32

   9. Kukurūzų suflė 33
   10. Padėkos dienos morkų suflė 35
   11. Obuolių fantastinis desertas 37
   12. Gilių moliūgų suflė 39
   13. Abrikosų ir pistacijų suflė 42
   14. Brokolių suflė 45
   15. Medetkų suflė 47
   16. Šokoladinis debesies suflė 49
   17. Nukritusių citrinų suflė 51
   18. Šaldytas spanguolių suflė su suktu cukrumi 54

TORTAS 57

   19. Moliūgų dumplių pyragas 58
   20. Cake Mix Black Forest tortas 60
   21. Cake Mix Cherry Cordial Cake 62
   22. Cake Mix Cukinijų pyragas 64

23. Šokoladinis pyragas 66
24. Tortas su irisu 69
25. Pudingo pyragas 71
26. Migdolinis šokoladinis pyragas... 74
27. Ananasų kavos pyragas... 77
28. Glazūruotas burokėlių pyragas 79
29. Drėgnas Stoner tortas 81
30. Šokoladinis sluoksniuotas tortas.. 83
31. Tres Leches pyragas 85
32. Vanilinis braškių kreminis pyragas... 88
33. Ispaniškas sūrio pyragas... 91

RUDUSI 94

34. Cake Mix Kanapių pyragaičiai.. 95
35. Triple Fudge Brownies 98
36. Grietinėlės sūris Brownies 100
37. Žemės riešutų pyragaičiai 102
38. Brownie Bites 105
39. Šokolado traškučiai Bud Brownies...................................... 107
40. Užpilti lazdyno riešutų pyragaičiai....................................... 109
41. Mažai angliavandenių turintys pyragaičiai........................... 111
42. Žiogų pyragaičiai 113
43. Mėtų pyragaičiai.. 115
44. Šokoladiniai lazdyno riešutų pyragaičiai 118
45. Žemės riešutų ir želė fudge... 121
46. Nekepamas migdolų fudge 123
47. Red Velvet Fudge baltymų batonėliai.................................. 125
48. Fudge Munchies... 127
49. Šaltas Mocha Brownies 129
50. Pekano sviesto chia sėklų blondinės................................... 131
51. Obuolių pyragaičiai 134

52. Pipirmėčių žievės pyragaičiai 136
53. Žemės riešutų sviesto fudge batonėliai 138
54. Mėgstamiausi cukinijų pyragaičiai 141
55. Salykliniai šokoladiniai pyragaičiai 143
56. Vokiški šokoladiniai pyragaičiai 145
57. Matcha Green Tea Fudge 147
58. Imbieriniai pyragaičiai 149

SLAPUKAI 151

59. Antzelis ir karameliniai sausainiai 152
60. Kanapių sausainis 154
61. Cake mix sausainiai 156
62. Devil Crunch Cookies 158
63. Pekano sausainiai 160
64. Plaktos grietinėlės pyragaičiai 162
65. Tortų mišinys Sumuštinių sausainiai 164
66. Granola ir šokoladiniai sausainiai 166
67. Cukriniai sausainiai 168
68. Vokiški slapukai 170
69. Anisetės sausainiai 172
70. Šokoladiniai sausainiai 175
71. Saldūs žali sausainiai 177
72. Šokoladiniai sausainiai 179
73. Sūrio užkandžių sausainiai 182
74. Migdoliniai cukraus sausainiai 184
75. Cukriniai sausainiai 187
76. Cukriniai sausainiai su sviestiniu kremu 189
77. Migdoliniai plytų cukraus sausainiai 192
78. Amišų cukraus sausainiai 195
79. Pagrindiniai taukų cukraus sausainiai 198
80. Cinamoniniai cukraus sausainiai 200

81. Susmulkinti cukraus sausainiai ... 203
82. Pekano cukraus sausainiai ... 205

KEKUČIAI IR KELIAI ... 207

83. Lemon Cake Mix Cupcakes ... 208
84. Šokoladiniai karameliniai keksiukai ... 210
85. Purvo pyrago keksiukai ... 213
86. Tortų mišinys Moliūgų bandelės ... 215
87. Tortų mišinys Praline Cupcakes ... 217
88. Piña Colada keksiukai ... 219
89. Cherry Cola mini pyragaičiai ... 222
90. Raudonojo aksomo keksiukai ... 224
91. Obuolių pyrago keksiukai ... 226
92. Pelės keksiukai ... 228
93. Šokolado bandelės Kirsch ... 230
94. Morkų bandelės ... 232
95. Romo razinų keksiukai ... 235
96. Karšti šokoladiniai keksiukai ... 238
97. Bananų trupiniai ... 240
98. Citrininiai kokoso bandelės ... 242
99. Prancūziški skrudinta pyragaičiai ... 244
100. Kolibrių keksiukai ... 247

IŠVADA ... 250

ĮVADAS

Kepimas yra maisto gaminimo sausame karštyje procesas, ypač kai kuriose orkaitėse. Tai bene seniausias kepimo būdas. Kepiniai, įskaitant duoną, bandeles, sausainius, pyragus, pyragaičius ir bandeles, paprastai gaminami iš miltų arba rupinių, gautų iš tam tikros rūšies grūdų.

Miltai yra pagrindinis pyragų, pyragaičių, duonos ir daugybės kitų kepinių ingredientas. Tai suteikia maisto struktūrą arba struktūrą. Kepimui naudojami įvairių rūšių miltai, nors dažniausiai naudojami universalūs miltai, nes juos galima naudoti visų rūšių kepiniams. Pyragėliams geriausia naudoti pyragų miltus dėl jų lengvumo ir mažo baltymų kiekio, o duonos miltai – dėl didelio baltymų kiekio. Kiti kepimui naudojami miltai yra viso grūdo kvietiniai miltai, konditerijos miltai ir kt.

Cukrus veikia ne tik kaip saldiklis. Jis taip pat yra atsakingas už tai, kad pyragas būtų minkštas, nes trukdo hidratuoti miltus, kurie yra būtini glitimo susidarymui. Cukrus taip pat suteikia aukso rudos spalvos pyragams ar duonai. Dažniausiai naudojamas rafinuotas baltasis cukrus arba granuliuotas cukrus, nors kai kuriuose receptuose naudojamas rudasis cukrus ir netgi konditerių cukrus.

Riebalai reikalingi ir kepiniams, nes jie daro kepinius minkštus, drėgnus ir sodrius. Sviestui arba margarinui dažniausiai pirmenybė teikiama dėl jų skonio ir papildomos spalvos. Taip pat dažnai naudojamas sutrumpinimas, o kiti nurodo alyvą. Sviestas gali būti grietinėlės arba lydytas, priklausomai nuo jo naudojimo.

Kad pyragaičiai pakiltų, pridedama rauginių medžiagų. Tai gamina anglies dioksidą, daugiausia atsakingą už pyrago ar jo tūrio kilimą. Jie taip pat padaro pyragą lengvą ir porėtą. Kepimo milteliai, soda ir mielės yra kepimui naudojamų raugintuvų pavyzdžiai. Pirmieji 2 naudojami pyragams ir pyragams gaminti, o mielės – duonai.

Kad tešla išliktų kartu ir visi ingredientai susimaišytų, pilamas skystis. Skystis gali būti vandens, pieno ar sulčių pavidalu. Pienas reiškia nenugriebtą karvės pieną. Pakeisti konservuotu garintu pienu; praskieskite jį santykiu 1:1. Visiškai grietinėlės pieno milteliai taip pat gali būti naudojami kaip pakaitalas, prieš naudojimą tiesiog ištirpinkite jį vandenyje.

Dėl papildomos struktūros, sodrumo ir maistingos vertės dedami kiaušiniai – sveiki, tik tryniai arba tik baltymai. Svarbiausia yra naudoti tokio paties dydžio kiaušinius.

Galiausiai, kad pyragai būtų kvapnūs ir įdomesni, pridėkite riešutų, džiovintų vaisių, kvapiųjų medžiagų, prieskonių ir net šviežių vaisių.

PYRAGAI

1. Moliūgų pyragas

Išeiga: 8 porcijos

Ingridientai:

- 1 skardinė (30 oz.) Moliūgų pyrago mišinio
- 2/3 puodelio išgarinto pieno
- 2 dideli kiaušiniai, sumušti
- 1 nekeptas 9 colių pyrago apvalkalas

Nurodymai:

a) Įkaitinkite orkaitę iki 425 laipsnių pagal Farenheitą.

b) Dideliame dubenyje sumaišykite moliūgų pyrago mišinį, išgarintą pieną ir kiaušinius.

c) Supilkite įdarą į pyrago lukštą.

d) Kepkite 15 minučių orkaitėje.

e) Pakelkite temperatūrą iki 350 ° F ir kepkite dar 50 minučių.

f) Švelniai pakratykite, kad pamatytumėte, ar jis visiškai iškepęs.

g) Atvėsinkite 2 valandas ant grotelių.

2. Pietinis saldžiųjų bulvių pyragas

Išeiga: 10 porcijų

Ingridientai:

- 2 puodeliai nuluptų, virtų saldžiųjų bulvių
- ¼ puodelio lydyto sviesto
- 2 kiaušiniai
- 1 puodelis cukraus
- 2 šaukštai burbono
- 1/4 arbatinio šaukštelio druskos
- 1/4 arbatinio šaukštelio malto cinamono
- 1/4 arbatinio šaukštelio malto imbiero
- 1 puodelis pieno

Nurodymai:
a) Įkaitinkite orkaitę iki 350 laipsnių pagal Farenheitą.

b) Išskyrus pieną, elektriniu plaktuvu visiškai sumaišykite visus ingredientus.

c) Įpilkite pieno ir toliau maišykite, kai viskas visiškai susimaišys.

d) Supilkite įdarą į pyrago kevalą ir kepkite 35–45 minutes arba tol, kol šalia centro įsmeigtas peilis bus švarus.

e) Išimkite iš šaldytuvo ir prieš patiekdami leiskite atvėsti iki kambario temperatūros.

3. Spanguolių pyragas

Išeiga: 8 porcijos

Ingridientai
- 2 pyrago plutos
- 1 pakelis želatinos; apelsino skonio
- ¾ puodelio verdančio vandens
- ½ puodelio apelsinų sulčių
- 1 skardinė (8 uncijos) želė spanguolių padažas
- 1 arbatinis šaukštelis tarkuotos apelsino žievelės
- 1 puodelis šalto pusantro arba pieno
- 1 pakelis Jell-O greito pudingo, prancūziško vanilės arba vanilės skonio
- 1 puodelis Cool Whip plakto užpilo
- Šaltos spanguolės

Nurodymai:
a) Įkaitinkite orkaitę iki 450 ° F

b) Želatiną užvirinkite ir ištirpinkite. Supilkite apelsinų sultis. Įdėkite dubenį į didesnį ledo ir vandens dubenį. Reguliariai maišydami leiskite pastovėti 5 minutes, kol želatina šiek tiek sutirštės.

c) Įpilkite spanguolių padažo ir apelsino žievelės ir išmaišykite, kad susimaišytų. Užpildykite pyrago plutą įdaru. Atvėsinkite apie 30 minučių arba kol sustings.

d) Į vidutinį maišymo dubenį supilkite pusę ir pusę. Supilkite į pyrago įdaro mišinį. Plakite, kol visiškai susimaišys.

e) Atidėkite 2 minutėms arba kol padažas šiek tiek sutirštės. Galiausiai supilkite išplaktą užpilą.

f) Ant viršaus švelniai paskleiskite želatinos mišinį. Atšaldykite 2 valandas arba kol sustings.

4. Itališkas artišokų pyragas

Porcijos: 8 porcijos

Ingredientas

- 3 Kiaušiniai; Sumuštas
- 1 3 oz pakuotės kreminio sūrio su česnakais; Suminkštėjo
- ¾ arbatinio šaukštelio česnako miltelių
- ¼ arbatinio šaukštelio pipirų
- 1½ puodelio mocarelos sūrio, dalis nugriebto pieno; Susmulkinta
- 1 puodelis Ricotta sūrio
- ½ puodelio majonezo
- 1 14 uncijų skardinės artišokų širdelės; Nusausintas
- ½ 15 oz Can Garbanzo pupelių, konservuotų; Išskalauti ir nusausinti
- 1 2 1/4 uncijos skardinės pjaustytų alyvuogių; Nusausintas
- 1 2 Oz stiklainis Pimientos; Supjaustyti kubeliais ir nusausinti
- 2 šaukštai petražolių; Nukirpta
- 1 pyrago pluta (9 colių); Neiškeptas
- 2 maži pomidorai; Supjaustyta

Kryptys:

a) Dideliame dubenyje sumaišykite kiaušinius, grietinėlės sūrį, česnako miltelius ir pipirus. Maišymo dubenyje sumaišykite 1 puodelį mocarelos sūrio, rikotos sūrio ir majonezo.

b) Maišykite, kol viskas gerai susimaišys.

c) 2 artišokų širdeles perpjaukite per pusę ir atidėkite. Susmulkinkite likusias širdeles.

d) Sumaišykite sūrio mišinį su kapotomis širdelėmis, garbanzo pupelėmis, alyvuogėmis, pimientos ir petražolėmis. Užpildykite tešlos kevalą mišiniu.

e) Kepkite 30 minučių 350 laipsnių temperatūroje. Ant viršaus reikia pabarstyti likusį mocarelos sūrį ir parmezaną.

f) Kepkite dar 15 minučių arba kol sustings.

g) Palikite 10 minučių pailsėti.

h) Ant viršaus išdėliokite pomidorų griežinėlius ir ketvirčiais supjaustytas artišokų širdeles.

i) Tarnauti

5. Spagečių mėsos kukulių pyragas

Porcijos: 4-6

Ingridientai:

- 1-26 uncijos. maišelis jautienos kotletų
- 1/4 puodelio kapotų žaliųjų pipirų
- 1/2 puodelio susmulkinto svogūno
- 1-8 uncijos. pakuotės spagečiai
- 2 kiaušiniai, šiek tiek paplakti
- 1/2 puodelio tarkuoto parmezano sūrio
- 1-1/4 puodelio susmulkinto mocarelos sūrio
- 26 uncijos. stiklainis stambus spagečių padažas

Nurodymai:

a) Įkaitinkite orkaitę iki 375°F. Pakepinkite paprikas ir svogūnus, kol suminkštės, apie 10 minučių. Atidėti.

b) Išvirkite spagečius, nusausinkite, nuplaukite šaltu vandeniu ir nusausinkite. Sudėkite į didelį maišymo dubenį.

c) Įmuškite kiaušinius ir parmezano sūrį ir išmaišykite, kad susimaišytų. Įspauskite mišinį į apipurkštos 9 colių pyrago lėkštės dugną. Ant viršaus uždėkite 3/4 puodelio susmulkinto mocarelos sūrio. Atšildykite šaldytus kotletus mikrobangų krosnelėje 2 minutes.

d) Kiekvieną mėsos kukulį perpjaukite per pusę. Ant sūrio mišinio sluoksniuokite mėsos kukulių puseles. Spagečių padažą sumaišykite su virtais pipirais ir svogūnais.

e) Šaukštu uždėkite mėsos kukulių sluoksnį. Laisvai uždenkite folija ir kepkite 20 minučių.

f) Išimkite iš orkaitės ir pabarstykite 1/2 puodelio mocarelos sūrio ant spagečių padažo mišinio.

g) Toliau kepkite neuždengtą dar 10 minučių, kol pradės burbuliuoti. Supjaustykite griežinėliais ir patiekite.

6. Kreminis Ricotta pyragas

Porcijos: 6

Ingridientai:

- 1 parduotuvėje pirkta pyrago pluta
- 1 ½ svaro rikotos sūrio
- ½ puodelio maskarponės sūrio
- 4 plakti kiaušiniai
- ½ stiklinės baltojo cukraus
- 1 valgomasis šaukštas brendžio

Kryptys:

a) Įkaitinkite orkaitę iki 350 laipsnių pagal Farenheitą.

b) Sumaišykite visus įdaro ingredientus maišymo dubenyje. Tada supilkite mišinį į plutą.

c) Įkaitinkite orkaitę iki 350 ° F ir kepkite 45 minutes.

d) Prieš patiekdami pyragą laikykite šaldytuve bent 1 valandą.

7. Moliūgų pyrago sūrio pyragas

Padaro 1

Ingridientai

Pluta

- 3/4 puodelio migdolų miltų
- 1/2 puodelio linų sėmenų miltai
- 1/4 puodelio sviesto
- 1 arbatinis šaukštelis. Moliūgų pyrago prieskonis
- 25 lašai skystos stevijos

Užpildymas

- 6 uncijos. Veganiškas kreminis sūris
- 1/3 puodelio moliūgų tyrės
- 2 šaukštai grietinės
- 1/4 puodelio veganiškos grietinėlės
- 3 Šaukštai Sviesto
- 1/4 arbatinių šaukštelių. Moliūgų pyrago prieskonis
- 25 lašai skystos stevijos

Kryptys

a) Sumaišykite visus sausus plutos ingredientus ir gerai išmaišykite.

b) Sausus ingredientus sutrinkite su sviestu ir skysta stevija, kol susidarys tešla.

c) Savo mažoms pyrago formoms tešlą iškočiokite į mažus rutuliukus.

d) Tešlą spauskite prie pyrago formos kraštų, kol ji pasieks ir pakils į šonus.

e) Sumaišykite visus įdaro ingredientus maišymo dubenyje.

f) Įdaro ingredientus sumaišykite kartu naudodami panardinamąjį trintuvą.

g) Kai įdaro ingredientai bus lygūs, paskirstykite juos į plutą ir atvėsinkite.

h) Išimkite iš šaldytuvo, supjaustykite ir, jei norite, užpilkite plakta grietinėle.

8. Kaimiškas kotedžo pyragas

Padaro nuo 4 iki 6 porcijų

Ingridientai

- Yukon Gold bulvės, nuluptos ir supjaustytos kubeliais
- 2 šaukštai veganiško margarino
- 1/4 puodelio paprasto nesaldinto sojų pieno
- Druska ir šviežiai malti juodieji pipirai
- 1 valgomasis šaukštas alyvuogių aliejaus
- 1 vidutinio dydžio geltonasis svogūnas, smulkiai pjaustytas
- 1 vidutinė morka, smulkiai pjaustyta
- 1 saliero šonkaulis, smulkiai pjaustytas
- 12 uncijų seitano, smulkiai supjaustyto
- 1 puodelis šaldytų žirnelių
- 1 puodelis šaldytų kukurūzų branduolių
- 1 arbatinis šaukštelis džiovintų pikantiškų
- 1/2 arbatinio šaukštelio džiovintų čiobrelių

Kryptys

a) Puode su verdančiu pasūdytu vandeniu 15–20 minučių virkite bulves, kol suminkštės.

b) Gerai nukoškite ir grąžinkite į puodą. Įpilkite margarino, sojų pieną ir pagal skonį druskos bei pipirų.

c) Stambiai sutrinkite bulvių trintuvu ir atidėkite į šalį. Įkaitinkite orkaitę iki 350 ° F.

d) Didelėje keptuvėje ant vidutinės ugnies įkaitinkite aliejų. Sudėkite svogūną, morką ir salierą.

e) Uždenkite ir virkite, kol suminkštės, apie 10 minučių. Perkelkite daržoves į 9 x 13 colių kepimo skardą. Įmaišykite seitano, grybų padažo, žirnių, kukurūzų, pikantiškų ir čiobrelių.

f) Pagal skonį pagardinkite druska, pipirais ir tolygiai paskleiskite mišinį kepimo skardoje.

g) Ant viršaus uždėkite bulvių košę, paskleiskite iki kepimo formos kraštų. Kepkite, kol bulvės paruduos, o įdaras ims burbuliuoti, apie 45 minutes.

h) Patiekite iš karto.

SOUFFLE

9. Kukurūzų suflė

Išeiga: 8-10 porcijų

Ingridientai:

- 1 vidutinis svogūnas
- 5 svarai. šaldytų saldžiųjų kukurūzų
- 6 puodeliai Monterey Jack, susmulkinti
- 3 kiaušiniai
- 1 arbatinis šaukštelis druskos

Nurodymai:

a) Keptuvėje pakepinkite svogūną alyvuogių aliejuje. Atidėti.

b) Virtuviniame kombaine sumalame kukurūzus.

c) Sumaišykite ir įmaišykite kitus ingredientus, įskaitant pakeptą svogūną.

d) Sudėkite į 8x14 kepimo formą, išteptą sviestu.

e) Kepkite 375 ° F temperatūroje apie 25 minutes arba tol, kol viršus bus auksinės rudos spalvos.

10. Padėkos dienos morkų suflė

Išeiga: 8 porcijos

Ingridientai:

- 2 svarai. šviežios morkos, nuluptos ir išvirtos
- 6 kiaušiniai
- 2/3 stiklinės cukraus
- 6 valgomieji šaukštai matzoh miltų
- 2 arbatiniai šaukšteliai vanilės
- 2 lazdelės sviesto arba margarino, ištirpinto
- Šaukštelis muskato riešuto
- 6 šaukštai rudojo cukraus
- 4 šaukštai sviesto arba margarino, ištirpinto
- 1 puodelis kapotų graikinių riešutų

Nurodymai:
a) Morkas ir kiaušinius sutrinkite virtuviniu kombainu.

b) Apdorokite kitus penkis ingredientus iki vientisos masės.

c) Kepkite 40 minučių riebalais išteptoje 9x13 kepimo formoje 350 °F temperatūroje.

d) Supilkite užpilą ir kepkite dar 5-10 minučių.

11. „Apple Fantasy" desertas

Ingridientai:

- 2/3 c. miltai
- 3 arbatinius šaukštelius kepimo miltelių
- 1/2 arbatinio šaukštelio druskos
- 2 kiaušiniai
- 1 c. granuliuoto cukraus
- 1/2 c. rudas cukrus
- 3 arbatiniai šaukšteliai vanilės arba romo arba burbono
- 3 c. kubeliais pjaustytų obuolių

Nurodymai:

a) Įmuškite kiaušinius, suberkite cukrų ir vanilę ir gerai išplakite. Sudėkite sausus ingredientus ir išmaišykite. Supilkite obuolius ir maišykite, kol tolygiai pasiskirstys. Sudėkite į gilią kepimo formą arba suflė indą.
b) Kepkite 45 minutes 350 laipsnių kampu. Patiekite šiltą.

12.	Gilių moliūgų suflė

Išeiga: 4 porcijos

Ingredientas
- 1 kiaušinio baltymas
- 2 gilės moliūgai
- 4 arbatiniai šaukšteliai rudojo cukraus
- tarkuotų šviežio muskato riešuto
- $\frac{1}{8}$ arbatinio šaukštelio druskos
- 4 Valgomojo šaukštelio sviesto
- $\frac{1}{4}$ arbatinio šaukštelio malto cinamono
- 1 kiaušinis, atskirtas
- šviežiai malti juodieji pipirai

Nurodymai:

a) Įkaitinkite orkaitę iki 400 F. Moliūgą nuplaukite. Moliūgą perpjaukite pusiau ir išskobkite sėklas. Skvošo puseles odele į viršų sudėkite į $\frac{1}{2}$ colio (1$\frac{1}{4}$ cm) vandenį į kepimo indą ir kepkite 30 minučių.

b) Išimkite iš orkaitės. Žnyplėmis apverskite moliūgų puses. Į kiekvieną pusę įdėkite po 1 šaukštą sviesto. Vėl kepkite 30 minučių arba kol minkštimas suminkštės. Atvėsinkite 30 minučių.

c) Atsargiai išimkite moliūgą iš kepimo formos ir į dubenį supilkite sviestą.

d) Nepažeisdami odos, atsargiai išskobkite minkštimą iš kiekvienos moliūgo pusės ir sudėkite į tą patį dubenį. Blenderiu arba virtuviniu kombainu sutrinkite moliūgą su rezervuotu sviestu, cukrumi, prieskoniais ir kiaušinio tryniu. Supilkite į maišymo dubenį.

e) Kiaušinių baltymus išplakti su druska iki standžių putų. SULANKSTI į tyrę. Dirbkite greitai, bet atsargiai, išsaugodami kiaušinio baltymo tūrį. Suflė mišinį supilkite į moliūgo odelės puseles ir kepkite 25 min. arba kol viršus paruduos ir pradės skilinėti. Patiekite iš karto.

13. Abrikosų ir pistacijų suflė

Išeiga: 6 - 8

Ingredientas
- 3 šaukštai Sviesto
- 4 šaukštai Miltų
- 1½ stiklinės pieno
- 6 kiaušinių tryniai
- 8 kiaušinių baltymai
- žiupsnelis Druska
- ⅛ arbatinis šaukštelis dantų akmenų kremas
- ½ abrikosų ir ananasų uogienės
- ½ abrikosų ir ananasų uogienės
- ¼ arbatinio šaukštelio migdolų ekstrakto
- 2 Migdolų ekstraktas
- plakta grietinėlė
- džiovintų abrikosų, mirkytų
- lukštentų pistacijų riešutų
- abrikosų brendis (nebūtina)
- konditerių cukrus
- Sumalti pistacijų riešutai

Nurodymai:

a) Įkaitinkite orkaitę iki 400 F.
b) Ištirpinkite sviestą ir suberkite miltus. Palaipsniui supilkite pieną, maišydami vieliniu šluotele, kad susidarytų tirštas vientisas padažas.
c) Suberkite cukrų. Nukelkite nuo ugnies ir po vieną supilkite kiaušinių trynius.
d) Įpilkite migdolų ekstrakto, nusausintų, susmulkintų abrikosų, pistacijų riešutų ir neprivaloma brendžio. Kiaušinių baltymus

su žiupsneliu druskos ir tartų grietinėle išplakti iki standžių putų.

e) Supilkite abrikosų mišinį ir šaukštu supilkite į sviestu ir cukrumi išteptą 6 puodelių suflė indą. Įdėkite suflė į orkaitę ir nedelsdami sumažinkite šilumą iki 375 F. Kepkite 25 minutes.

14. Brokolių suflė

Išeiga: 8 porcijos

Ingredientas
- 2 pakelių šaldytų brokolių; (po 10 uncijų
- 3 Kiaušiniai
- Druska ir pipirai pagal skonį
- 1 valgomasis šaukštas svogūnų sriubos mišinio
- ½ puodelio majonezo
- Riebalų keptuvėms
- 2 šaukštai Matzah miltų, padalinti

Nurodymai:

a) Virkite brokolius pagal pakuotės nurodymus. Kruopščiai nusausinkite.
b) Atidėti. Dubenyje labai gerai išplakti kiaušinius su druskos, pipirų ir svogūnų sriubos mišiniu; supilkite majonezą ir toliau plakite, kol gerai susimaišys. Įmaišykite virtus brokolius.
c) Ištepkite 7 x 11½ colių kepimo skardą. Lengvai pabarstykite 1 valgomuoju šaukštu matzah miltų. Į keptuvę suberkite brokolius, o viršų pabarstykite likusiu matzah miltu.
d) Kepkite 350 laipsnių kampu 40-50 minučių arba tol, kol viršus taps auksinės spalvos.

15. Medetkų suflė

Išeiga: 4 porcijos

Ingredientas
- 1 valgomasis šaukštas sviesto
- 2 šaukštai parmezano sūrio
- 6 Kiaušiniai
- $\frac{1}{2}$ puodelio Pusė ir pusė (tai pusė pieno; pusė grietinėlės ne amerikiečiams)
- $\frac{1}{4}$ puodelio tarkuoto parmezano
- 1 arbatinis šaukštelis Paruoštos garstyčios
- $\frac{1}{2}$ arbatinio šaukštelio druskos
- $\frac{1}{2}$ arbatinio šaukštelio Cayenne
- 1 brūkšnis muskato riešuto
- $\frac{1}{2}$ svaro Sharp Cheddar; supjaustyti smulkiais gabalėliais
- 10 uncijų grietinėlės sūrio; supjaustyti smulkiais gabalėliais
- $\frac{1}{2}$ puodelio medetkų žiedlapių

Nurodymai:

a) 5 puodelių suflė indą ištepkite sviestu. Pabarstykite 2 šaukštais parmezano.
b) Kiaušinius, $\frac{1}{4}$ puodelio parmezano, pusę ir pusę, garstyčias, druską, kajeną ir muskato riešutą suplakite iki vientisos masės. Kol variklis vis dar veikia, po gabalėlį įpilkite Cheddar, tada grietinėlės sūrio. Supilkite į paruoštą indą ir įmaišykite medetkų žiedlapius.
c) Kepkite 45-50 minučių 375 F temperatūroje arba tol, kol viršus taps auksinės rudos spalvos ir šiek tiek įtrūks. Patiekite iš karto, papuoškite daugiau medetkos žiedų.

16.   Šokoladinis debesies suflė

Išeiga: 5 porcijos

Ingredientas
- ⅓puodelio Šviesios grietinėlės 3 kiaušinių tryniai
- 1 kiekvienoje 3 uncijų pakuotėje Dash druskos
- Kreminis sūris 3 kiaušinių baltymai
- ½ puodelio pusiau saldaus
- Šokolado gabaliukai
- 3 šaukštai Išsijoti
- Konditerijos cukrus

Nurodymai:

a) Sumaišykite grietinėlę ir grietinėlę ant labai mažos ugnies. Sudėkite šokolado gabalėlius; kaitinkite ir maišykite, kol ištirps. Saunus. Kiaušinių trynius ir druską išplakite iki tirštos ir citrinos spalvos. Palaipsniui įmaišykite į šokolado mišinį. Plakite kiaušinių baltymus, kol susidarys minkštos smailės.

b) Palaipsniui suberkite cukrų, plakdami iki standžių smailių; įmaišykite į šokolado mišinį. Supilkite į neteptą 1 litrų suflė indą arba troškintuvą. Kepkite lėtoje orkaitėje (300°) 45 minutes arba tol, kol įsmeigtas peilis išeis švarus.

17. Nukritusių citrinų suflė

Išeiga: 1 porcija

Ingredientas
- 3 didelių kiaušinių; atskirtas
- 3 šaukštai Cukrus
- 1½ šaukšto paprastų miltų
- 2 arbatinius šaukštelius lydyto sviesto
- 100 mililitrų šviežių citrinų sulčių
- 1 valgomasis šaukštas citrinos žievelės
- 190 mililitrų pieno
- 2 arbatinių šaukštelių lydyto sviesto; papildomai
- 3 šaukštai cukraus; papildomai
- Šviežių mėtų lapelių
- Nusipirkau šerbeto ar ledų

Nurodymai:

a) Įkaitinkite orkaitę iki 180c. ir sviestu šeši suflė patiekalai (talpa apie 200 ml.) Pabarstykite juos papildomu cukrumi ir atidėkite į šalį.
b) Kiaušinių trynius ir cukrų išplakite iki tirštos ir kreminės masės, tada suberkite miltus ir sviestą ir toliau plakite, kol cukrus visiškai ištirps. Įmaišykite citrinos sultis, citrinos žievelę ir pieną ir plakite, kol tešla taps vientisa.
c) Atskirame dubenyje išplakite kiaušinių baltymus iki „putų", tada toliau plakite, suberdami cukrų. Plakite dideliu greičiu, kol kiaušinių baltymai taps standūs ir blizgūs.
d) Supilkite kiaušinių baltymus į citrinų tešlą, tada tešlą tolygiai paskirstykite tarp paruoštų suflė patiekalų.
e) Suflė indus sudėkite į kepimo skardą, tada pilkite šaltu vandeniu, kol vandens lygis pasieks pusę suflė indų kraštų.

f) Kepkite juos 180 C temperatūroje. 40 minučių.
g) Kai suflė baigs kepti, išimkite juos iš vandens vonios ir padėkite į šaldytuvą bent 30 minučių arba iki 6 valandų.
h) Norėdami patiekti, leiskite jiems sušilti iki kambario temperatūros, tada peiliu apveskite kiekvieno suflė indo kraštą ir apverskite suflė ant serviravimo lėkštės. Pabarstykite cukraus pudra ir papuoškite mėtų lapeliais. Jei norite, patiekite su tiršta grietinėle arba ledais.

18. Šaldytas spanguolių suflė su suktu cukrumi

Išeiga: 2 porcijos

Ingredientas
- 2½ puodelio spanguolių, nuskintų
- ⅔ puodelio cukraus
- ⅔ puodelio vandens

Itališkam meringue:
- ¾ puodelio cukraus
- ⅓ puodelio vandens
- 4 dideli kiaušinių baltymai
- 2½ puodelio gerai atšaldytos riebios grietinėlės susuktam cukraus vainikui:
- ½ stiklinės šviesaus kukurūzų sirupo
- ¼ puodelio cukraus
- ½ puodelio spanguolių, nuskintų
- Mėtų šakelės papuošimui

Nurodymai:

a) Paruoškite spanguolių mišinį: tankiame puode sumaišykite spanguoles, cukrų ir vandenį ir užvirinkite, maišykite, kol cukrus ištirps. Retkarčiais pamaišydami troškinkite mišinį 5 minutes arba tol, kol sutirštės, ir leiskite visiškai atvėsti.

b) Paruoškite itališką meringue: nedideliame puode sumaišykite cukrų ir vandenį ir užvirinkite, maišykite, kol cukrus ištirps. Virkite sirupą, šaltame vandenyje pamirkytu šepetėliu nuplaudami visus cukraus kristalus, prilipusius prie keptuvės šono, kol jis užfiksuos 248 laipsnių F. saldainių termometru ir nukelkite keptuvę nuo ugnies. Kol sirupas verda, dideliame elektrinio plaktuvo dubenyje išplakite kiaušinių baltymus su žiupsneliu druskos iki minkštų smailių, o varikliui veikiant

srovele supilkite karštą sirupą, plakdami ir išplakite meringue vidutiniu greičiu 8 minutes arba kol atvės iki kambario temperatūros.
c) Švelniai, bet kruopščiai supilkite spanguolių mišinį į meringue. Kitame dubenyje išvalytais plaktuvais išplakite grietinėlę iki standžių smailių ir švelniai, bet kruopščiai įmaišykite į spanguolių mišinį. Šaukštu suflė supilkite į $2\frac{1}{2}$ kv. užšaldymui atsparų stiklinį serviravimo dubenį (8 colių skersmens), išlygindami viršų ir per naktį užšaldykite suflė, padengtą plastikine plėvele. suflė galima pagaminti prieš 3 dienas ir laikyti uždengtą bei užšaldyti.
d) Padarykite susuktą cukraus vainiką: nedideliame puode sumaišykite kukurūzų sirupą ir cukrų, mišinį užvirinkite ant vidutinės ugnies, maišydami, kol cukrus ištirps, ir virkite sirupą, kol jis taps auksinės spalvos karamele ir pasieks 320 laipsnių F. ant saldainio termometro.
e) Kol sirupas verda, lengvai patepkite aliejumi 12 colių kvadratinį nešvarumų lakštą ir ant jo išdėliokite spanguoles 6 colių pločio vainiko forma.
f) Nukelkite keptuvę nuo ugnies ir leiskite sirupui atvėsti 30 sekundžių.
g) Į sirupą įmerkite šakutę ir apšlakstykite sirupu ant spanguolių, kartokite šią procedūrą, kol spanguolės pasidengs ir susiformuos vainikas. (Jei sirupas pasidaro per tirštas, kad išsilietų iš šakutės, pakaitinkite ant vidutinės ugnies, kol pasidarys reikiamos konsistencijos.) Leiskite vainikui visiškai atvėsti. Vainiką galima nupinti prieš 2 valandas – geriausia ne drėgną dieną – ir laikyti vėsioje, sausoje vietoje.
h) Švelniai nupjaukite vainiką iš folijos, išdėliokite ant suflė ir papuoškite mėtų šakelėmis.

TORTAS

19. Tortas iš moliūgų

Išeiga: 10 porcijų

Ingridientai:

- 1-30 uncijų. moliūgų pyrago tyrės
- 2 kiaušiniai
- 1 skardinė išgarinto pieno
- 1/2 dėžutės geltono pyrago mišinio
- 1 puodelis kapotų graikinių riešutų
- 1/2 puodelio sviesto

Nurodymai:

a) Įkaitinkite orkaitę iki 350 laipsnių pagal Farenheitą.

b) Naudodami maišytuvą, kruopščiai sumaišykite moliūgų pyrago tyrę, kiaušinius ir pieną.

c) Supilkite ingredientus į 11x7 arba 8x8 indą.

d) Ant viršaus šiek tiek išplakite 1/2 dėžutės sauso pyrago mišinio.

e) Ant viršaus uždėkite smulkintų graikinių riešutų ir 1/2 puodelio lydyto sviesto.

f) Kepame apie 40 min.

g) Palikite atvėsti, kol paruošite patiekti.

h) Ant viršaus uždėkite plaktą grietinėlę.

20. **Cake Mix Black Forest tortas**

Gamintojas: 12

Ingridientai

- 1 18,25 uncijos pakuotės šokoladinio pyrago mišinys
- 1 21 uncijos skardinės vyšnių pyrago įdaras
- 2 kiaušiniai
- 1/3 puodelio alyvuogių aliejaus
- 1 arbatinis šaukštelis migdolų ekstrakto
- 1 puodelis granuliuoto cukraus
- 5 šaukštai sviesto
- 1/3 stiklinės pieno
- 1 puodelis šokolado drožlių

Kryptys

a) Įkaitinkite orkaitę iki 350°F. Riebalais ir miltais ištepkite pyrago formą. Atidėti.
b) Dideliame dubenyje sumaišykite pyrago mišinį, pyrago įdarą, kiaušinius, aliejų ir migdolų ekstraktą. Išmaišykite, kad susidarytų vientisa tešla. Kepkite 30 minučių.
c) Tuo tarpu sumaišykite likusius ingredientus puode, švelniai užvirkite. Išmaišykite iki vientisos masės ir naudokite šiltam pyragui glaistyti.

21. Cake Mix Vyšnių nuoširdus pyragas

Gamintojas: 12

Ingridientai

- 1 18,25 uncijos dėžutės šokoladinio pyrago mišinys
- 1 3,9 uncijos pakuotės greito šokolado pudingo mišinys
- 4 kiaušiniai
- 1 ¼ stiklinės vandens
- ½ stiklinės alyvuogių aliejaus
- 1 valgomasis šaukštas vyšnių ekstrakto arba skonio
- 1 puodelis šokolado gabalėlių
- 1 kubilas paruoštas šokoladinis glajus
- Vyšnių nuoširdūs saldainiai papuošimui

Kryptys

a) Įkaitinkite orkaitę iki 350°F. Riebalais ir miltais ištepkite pyrago formą. Atidėti.
b) Dideliame dubenyje sumaišykite pyrago mišinį, pudingo mišinį, kiaušinius, vandenį, aliejų ir ekstraktą. Maišykite naudodami elektrinį maišytuvą, nustatytą mažu greičiu, 2 minutes.
c) Supilkite tešlą į torto formą. Ant šlapios pyrago tešlos tolygiai pabarstykite šokolado gabalėlius. Kepkite 55 minutes. Prieš glaistydami ir papuošdami saldainiais, leiskite pyragui visiškai atvėsti.

22. Cake Mix Cukinijų pyragas

Gamintojas: 12

Ingridientai

- ¾ puodelio sviesto
- 3 kiaušiniai
- 1 arbatinis šaukštelis vanilės ekstrakto
- ¼ arbatinio šaukštelio migdolų ekstrakto
- 1 stiklinė grietinės
- 1 18,25 uncijos dėžutės šokoladinio pyrago mišinys su pudingu
- 1 vidutinė cukinija, tarkuota
- 1 12 uncijų vonelė paruoštas šokoladinis glajus

Kryptys

a) Įkaitinkite orkaitę iki 325 ° F.
b) Dideliame dubenyje supilkite grietinėlės sviestą, kiaušinius, vanilės ekstraktą ir migdolų ekstraktą. Lėtai įmaišykite grietinę. Įpilkite pyrago mišinio. Sulenkite tarkuotą cukiniją.
c) Šaukštu dėkite tešlą į torto formą ir plakite, kol tešla pasidarys lygi. Kepkite 45 minutes arba tol, kol dantų krapštukas išeis švarus.
d) Prieš apversdami keptuvę ant serviravimo lėkštės, visiškai atvėsinkite pyragą.

23. Šokoladinis pyragas

Padaro: 20 porcijų

Ingridientai

- 1 pakuotė šokoladinio pyrago mišinio
- 2 arbatiniai šaukšteliai vanilės ekstrakto, padalinti
- Truputis druskos
- 2/3 puodelio sviesto
- 28 uncijos saldinto kondensuoto pieno
- 1 puodelis konditerinio cukraus
- Užpilas: susmulkinti žemės riešutų sviestu užpildyti sumuštiniai, žemės riešutų sviesto puodeliai arba jų derinys

Kryptys

a) Įkaitinkite orkaitę iki 350°. Paruoškite pyrago mišinį pagal pakuotės nurodymus, prieš maišydami tešlą, įpilkite 1 arbatinį šaukštelį vanilės ir druskos. Perkelkite į riebalais išteptą 13x9 colių. Keptuvė. Kepkite ir visiškai atvėsinkite, kaip nurodyta pakuotėje.

b) Sviestą ir pieną išplakti iki vientisos masės. Naudodami medinio šaukšto koto galą, pyrage 2 colių atstumu vienas nuo kito padarykite skylutes.

c) Lėtai užpilkite 2 puodelius sviesto mišinio ant pyrago, užpildydami kiekvieną skylę.

d) Uždengus pyragą ir likusį sviesto mišinį laikykite šaldytuve, kol pyragas atvės, 2–3 valandas.

e) Sumaišykite likusią vanilę ir likusį žemės riešutų sviesto mišinį; Palaipsniui įberkite pakankamai konditerių cukraus, kad pasiektumėte pertepimo konsistenciją.

f) Tepkite ant torto. Pridėkite priedų pagal pageidavimą.

24. Tortas su irisu

Padaro: 15 porcijų

Ingridientai

- 1 pakuotė šokoladinio pyrago mišinio
- 17 uncijų butterscotch-karamelės ledų užpilas
- 12 uncijų šaldytas plaktas užpilas, atšildytas
- 1 puodelis sviesto
- 3 Viržių saldainių batonėliai, susmulkinti

Kryptys

a) Paruoškite ir kepkite pyragą pagal pakuotės nurodymus, naudodami sviestą.

b) Atvėsinkite ant grotelių.

c) Medinio šaukšto kotu išdurkite pyrage skylutes. Į skylutes supilkite 3/4 puodelio karamelės užpilo. Likusią karamelę užpilkite ant pyrago. Viršų su plaktu užpilu. Pabarstykite saldainiais.

d) Prieš patiekiant palaikykite šaldytuve bent 2 valandas.

25. Pudingo pyragas

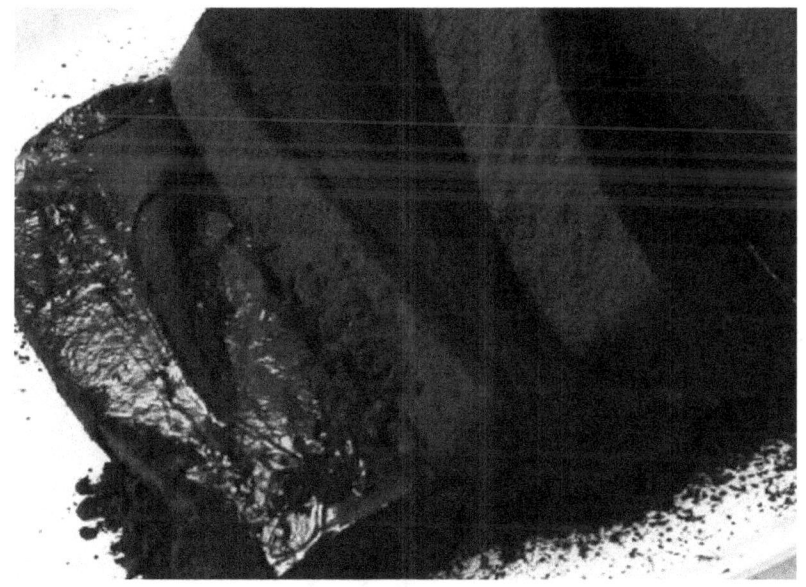

Padaro: 12 porcijų

Ingridientai

- 1 pakuotė šokoladinio pyrago mišinio
- 1 pakuotė (3,9 uncijos) tirpaus šokolado pudingo mišinio
- 2 stiklinės grietinės
- 4 dideli kiaušiniai
- 1 puodelis vandens
- 3/4 puodelio alyvuogių aliejaus
- 1 puodelis pusiau saldaus šokolado drožlių
- Plakta grietinėlė arba ledai

Kryptys

a) Dideliame dubenyje sumaišykite pirmuosius šešis ingredientus; plakite mažu greičiu 30 sekundžių. Plakite ant vidutinės 2 minutes. Įmaišykite šokolado drožles. Supilkite į riebalais išteptą 5 kv. lėta viryklė.

b) Uždenkite ir virkite ant silpnos ugnies, kol centre įsmeigtas dantų krapštukas išeis su drėgnais trupiniais, 6-8 valandas.

26. Migdolinis šokoladinis pyragas

Padaro: 16 porcijų

Ingridientai

- 1 pakuotė šokoladinio pyrago mišinio (įprasto dydžio)
- 1 pakuotė (3,9 uncijos) tirpaus šokoladinio pudingo mišinio
- 1-1/4 stiklinės vandens
- 1/2 stiklinės alyvuogių aliejaus
- 4 dideli kiaušiniai
- 3 arbatiniai šaukšteliai migdolų ekstrakto
- 2-3/4 puodeliai pusiau saldaus šokolado drožlių, padalinti
- 6 šaukštai šaldytuve laikomo įprasto arba amareto skonio nepieniško kremo
- 1 valgomasis šaukštas pjaustytų migdolų

Kryptys

a) Dideliame dubenyje sumaišykite pyrago mišinį, pudingo mišinį, vandenį, aliejų, kiaušinius ir ekstraktą; plakite, kol susijungs. Įmaišykite 2 puodelius šokolado drožlių.

b) Supilkite į riebalais išteptą ir miltais pabarstytą 10 colių. rievėtas vamzdis. Kepkite 350° temperatūroje 65–70 minučių arba tol, kol į centrą įsmeigtas dantų krapštukas bus švarus. Prieš iškeldami iš keptuvės ant grotelių, atvėsinkite 10 minučių, kad visiškai atvėstų.

c) Keptuvėje sumaišykite grietinėlę ir likusius šokolado drožles. Virkite ant silpnos ugnies, kol traškučiai išsilydys; maišykite iki vientisos masės. Atvėsinkite 45 minutes. Aptepkite pyragą. Papuoškite migdolais.

27. Ananasų kavos pyragas

Padaro: 12 porcijų

Ingredientas

- 2 puodeliai šokoladinio pyrago mišinio
- 1 Kiaušinis
- ⅓ stiklinės granuliuoto cukraus
- ⅓ puodelio pieno

Priedai

- ⅓ puodelio Kepkite viską maišydami
- ⅓ puodelio rudojo cukraus – supakuota
- ½ arbatinio šaukštelio malto cinamono
- 1 puodelis ananasų gabalėlių – nusausinti

Kryptys

a) Į dubenį įmuškite kiaušinį ir šiek tiek paplakite. Įpilkite cukraus ir pieno ir gerai išmaišykite. Palaipsniui įpilkite 2 puodelius Mix. Plakite, kol susimaišys.

b) ½ pilno supilkite į kepimo formas

c) Padarykite užpilą sumaišę ⅓ puodelio mišinio, rudojo cukraus ir cinamono. Ant tešlos paskleiskite ananasų gabalėlius. Pabarstykite užpilu ant ananasų.

d) Kepkite 400 F. orkaitėje 15-20 minučių.

28. Glazūruotas burokėlių pyragas

Gamina: 8

Ingridientai

- 1 18 uncijų pakuotės šokoladinio pyrago mišinys ir sudedamosios dalys, kurių reikia ant dėžutės
- 3 puodeliai burokėlių, susmulkintų
- 4 šaukštai sviesto, lydyto
- ½ puodelio konditerinio cukraus

Kryptys

a) Paruoškite ir kepkite pyragą pagal pyrago mišinio instrukcijas, sulankstydami burokėlius, kai dedate šlapius ingredientus.
b) Leiskite pyragui šiek tiek atvėsti.
c) Sviestą ir cukrų išplakite šakute.
d) Tortą aptepkite glaistu.

29. Drėgnas Stoner tortas

Gamina: 8

Ingridientai

- 1 18,25 uncijos dėžutės šokoladinio pyrago mišinys
- 1 stiklinė grietinės
- 1 puodelis kokosų aliejaus
- 4 kiaušiniai
- ½ puodelio vandens
- 1 16 uncijų vonelė paruošta glazūra

Kryptys

a) Įkaitinkite orkaitę iki 350°F. Riebalais ir miltais ištepkite pyrago formą. Atidėti.
b) Dideliame dubenyje sumaišykite pyrago mišinį, grietinę, kokosų aliejų, kiaušinius ir vandenį. Supilkite į torto formą. Kepkite 50 minučių.
c) Išimkite iš orkaitės ir leiskite visiškai atvėsti. Šerkšnas

30. Šokolado sluoksniuotas tortas

Gamintojas: 12

Ingridientai

- 1 18,25 uncijos dėžutės šokoladinio pyrago mišinys ir ant dėžutės reikalingi ingredientai
- 1 6 uncijų stiklainio karamelės ledų užpilas
- 7 uncijos alyvuogių aliejus
- 1 8 uncijų kubilas be pieno plakamas užpilas, atšildytas
- 8 saldainių batonėliai, supjaustyti arba susmulkinti

Kryptys

a) Paruoškite ir kepkite pyragą pagal 9" × 13" torto instrukcijas.

b) Išimkite pyragą iš orkaitės ir leiskite atvėsti 10 minučių, o tada ilga šakute ar iešmu pyrago viršuje pradurkite skylutes.

c) Tortą užpilkite karamele, o po to kondensuotu pienu, užpildydami visas skylutes. Leiskite pyragui stovėti, kol jis visiškai atvės.

d) Šaldykite plaktu užpilu ir pabarstykite saldainių gabaliukais. Atšaldyti

31. Tres leches pyragas

Padaro: 16 mini pyragėlių

Ingridientai:
- 1 puodelis universalių miltų
- 1½ arbatinio šaukštelio. kepimo milteliai
- Žiupsnelis druskos
- 5 dideli kiaušiniai, atskirti
- 4 šaukštai sviesto, ištirpinto ir atvėsinto
- 1 puodelis plius 3 šaukštai granuliuoto cukraus
- 4 arbatiniai šaukšteliai. Vanilės ekstraktas
- ¼ puodelio nenugriebto pieno
- 350 ml skardinės išgarinto pieno
- 400 ml kondensuoto pieno
- 2½ stiklinės riebios grietinėlės
- 1 valgomasis šaukštas nesūdyto sviesto, ištirpinto ir atvėsinto

Kryptys

a) Įkaitinkite orkaitę iki 340 ° F (171 ° C). Ištepkite sviestu ir pamilkite vieną 24 puodelių bandelių formą arba dvi 12 puodelių keksų formeles, užpildykite tuščias ertmes vandeniu ir atidėkite.
b) Vidutiniame dubenyje sumaišykite universalius miltus, kepimo miltelius ir druską. Atidėti.
c) Padalinkite kiaušinių baltymus ir trynius į skirtingus vidutinius dubenėlius. Viename dubenyje išplakite trynius, 2 šaukštus sviesto ir

d) ¾ puodelio cukraus elektriniu plaktuvu vidutiniu greičiu iki šviesiai geltonos spalvos. Įpilkite 2 arbatinius šaukštelius vanilės ekstrakto ir nenugriebto pieno ir plakite mažu greičiu, kol susimaišys.
e) Kitame dubenyje plakite kiaušinių baltymus vidutiniu ir dideliu greičiu 2 minutes, kol susidarys minkštos smailės.
f) Įpilkite ¼ puodelio cukraus ir toliau plakite vidutiniu greičiu, kol baltymai taps standūs.
g) Sumaišykite trynių ir miltų mišinius. Švelniai įmaišykite į kiaušinių baltymų mišinį, tada šaukštu supilkite tešlą į bandelių formą ar formeles.
h) Kepkite 20 minučių arba kol sustings centras. Išimkite, šakute pradurkite skylutes viršuje ir leiskite atvėsti.
i) Vidutiniame dubenyje sumaišykite išgarintą pieną, kondensuotą pieną, ½ puodelio riebios grietinėlės, likusius 2 šaukštus sviesto ir nesūdytą sviestą ir užpilkite ant pyragų.
j) Likusius 2 puodelius riebios grietinėlės, likusius 3 šaukštus cukraus ir likusius 2 arbatinius šaukštelius vanilės ekstrakto išplakite elektriniu plakikliu vidutiniu greičiu iki purios masės. Tepkite ant atvėsusių pyragų.
k) Laikymas: Laikyti sandariame inde šaldytuve iki 3 dienų.

32. Vanilinis braškių kreminis pyragas

Tarnauja 6

Ingridientai:

- 1 puodelis (100 g) migdolų miltų
- ½ puodelio (75 g) Natvia
- 1 arbatinis šaukštelis. (5 g) kepimo miltelių
- 2 valgomieji šaukštai (40 g) kokosų aliejaus
- 2 dideli kiaušiniai (kiekvienas 51 g)
- 1 arbatinis šaukštelis. (5 g) vanilės ekstrakto
- 300 ml šaltos grietinėlės
- 200 g šviežių prinokusių braškių

Nurodymai:
a) Oro gruzdintuvą įkaitinkite iki 180°C 3 minutes.

b) Dideliame dubenyje sumaišykite migdolų miltus, Natvia ir kepimo miltelius su žiupsneliu jūros druskos.

c) Įpilkite kokosų aliejaus, kiaušinių ir vanilės ir išmaišykite, kad susimaišytų.

d) 16 cm torto formą lengvai patepkite kokosų aliejumi.

e) Mentele supilkite mišinį į torto formą.

f) Įdėkite oro gruzdintuvės krepšį ir uždenkite folija.

g) Kepkite 160 laipsnių temperatūroje 20 minučių.

h) Nuimkite foliją ir kepkite dar 10 minučių arba tol, kol įsmeigtas iešmas bus švarus.

i) Atvėsusį šaltą grietinėlę plakite elektriniu plakikliu 5 minutes arba kol susidarys standžios smailės.

j) Paskleiskite ant torto ir ant viršaus išdėliokite griežinėliais pjaustytas braškes.

k) Pradėdami nuo išorės, naudokite didesnes riekeles (smailia puse į išorę), palaipsniui judant.

l) Uždenkite kiekvieną sluoksnį, kad sukurtumėte aukštį.

33. Ispaniškas sūrio pyragas

Porcijos: 10 porcijų

Ingredientas

- 1 svaras grietinėlės sūrio
- 1½ stiklinės cukraus; Granuliuotas
- 2 kiaušiniai
- ½ arbatinio šaukštelio cinamono; Žemė
- 1 arbatinis šaukštelis citrinos žievelės; Sutarkuota
- ¼ puodelio nebalintų miltų
- ½ arbatinio šaukštelio druskos
- 1 x konditerinis cukrus
- 3 šaukštai Sviesto

Kryptys:

a) Įkaitinkite orkaitę iki 400 laipsnių pagal Farenheitą. Dideliame dubenyje sutrinkite sūrį, 1 šaukštą sviesto ir cukrų. Nedaužykite.

b) Po vieną įmuškite kiaušinius, kiekvieną kartą gerai išplakdami.

c) Sumaišykite cinamoną, citrinos žievelę, miltus ir druską. Keptuvę ištepkite sviestu likusiais 2 šaukštais sviesto, tolygiai paskirstydami jį pirštais.

d) Supilkite tešlą į paruoštą skardą ir kepkite 400 laipsnių temperatūroje 12 minučių, tada sumažinkite iki 350 laipsnių ir kepkite dar 25-30 minučių. Peilis turi būti be likučių.

e) Kai pyragas atvės iki kambario temperatūros, pabarstykite jį cukrumi.

RUDUSI

34. Cake Mix Kanapių pyragaičiai

Gamintojas: 12

Ingridientai

- 1 pakuotė šokoladinio pyrago mišinio (įprasto dydžio)
- 3/4 stiklinės sviesto, lydyto
- 1 skardinė (5 uncijos) išgarinto pieno, padalinta
- 1 pakuotė (11 uncijų) Kraft karamelės gabaliukai
- 1 puodelis pusiau saldaus šokolado drožlių
- 1 pakuotė geltono pyrago mišinio (įprasto dydžio)
- 1 didelis kiaušinis, kambario temperatūros
- 1/2 puodelio plius 1 šaukštas sviesto, suminkštintas, padalintas
- 1 skardinė (14 uncijų) saldinto kondensuoto pieno
- 1 pakuotė (11-1/2 uncijos) pieno šokolado drožlių

Kryptys

a) Įkaitinkite orkaitę iki 350°. Linija 13x9 colių. kepimo skarda su pergamentu; riebalinio popieriaus.

b) Dideliame dubenyje suplakite šokoladinio pyrago mišinį, ištirpintą sviestą ir 1/3 puodelio išgarinto pieno, kol susimaišys; tešla bus tiršta. 1/4 puodelio tešlos pasilikti užpilui. Likusią tešlą paskleiskite į paruoštą skardą. Kepti 6 minutes.

c) Tuo tarpu mikrobangų krosnelėje ištirpinkite karamelės gabaliukus ir likusį 1/3 puodelio išgarinto pieno; maišykite iki vientisos masės. Karštą šokolado plutą pabarstykite pusiau saldžiais drožlėmis; ant viršaus užpilkite karamelės mišinį. Atidėti.

d) Kitame dideliame dubenyje išplakite geltonojo pyrago mišinį, kiaušinį ir 1/2 puodelio minkšto sviesto, kol susimaišys; tešla bus tiršta. Pusę pasilikti užpilui. Likusį mišinį sutrinkite ant karamelės sluoksnio. Kepti 6 minutes.

e) Mikrobangų krosnelėje ištirpinkite saldintą kondensuotą pieną, pieniško šokolado drožles ir likusį 1 šaukštą minkštinto sviesto; maišykite iki vientisos masės.

f) Supilkite ant geltono pyrago sluoksnio. Pabarstykite rezervuotomis geltonojo ir šokoladinio pyrago tešlomis. Kepkite, kol viršus taps auksinės rudos spalvos, 20-25 minutes.

g) Visiškai atvėsinkite ant grotelių. Laikyti hermetiškame inde.

35. Triple Fudge Brownies

Gamintojas: 12

Ingridientai

- 1 pakuotė (3,9 uncijos) tirpaus šokolado pudingo mišinio
- 1 pakuotė šokoladinio pyrago mišinio (įprasto dydžio)
- 2 puodeliai pusiau saldaus šokolado drožlių
- cukraus
- Vaniliniai ledai

Kryptys

a) Paruoškite pudingą pagal pakuotės nurodymus. Supilkite į sausą pyrago mišinį. Įmaišykite šokolado drožles.

b) Supilkite į riebalais išteptą 15x10x1 colio indą. Keptuvė. Kepkite 350° kampu, kol lengvai palietus viršus atšoks, 30-35 minutes.

c) Pabarstykite cukrumi

36. Kreminio sūrio Brownies

Gamintojas: 12

Ingridientai

- 1 18,25 uncijos dėžutės šokoladinio pyrago mišinys
- $\frac{1}{2}$ stiklinės sviesto, lydyto
- 2 kiaušiniai, padalinti
- $\frac{1}{2}$ dėžutės konditerinio cukraus
- 1 8 uncijų pakuotės grietinėlės sūris, suminkštintas

Kryptys

a) Įkaitinkite orkaitę iki 325 ° F. Riebalais ir miltais ištepkite pyrago formą. Atidėti.
b) Sumaišykite pyrago mišinį, sviestą ir 1 kiaušinį. Gerai ismaisyti. Suspauskite mišinį į kepimo skardą. Sumaišykite likusį kiaušinį su paskutiniais dviem ingredientais ir paskleiskite ant pyrago mišinio viršaus.
c) Kepkite 28 minutes. Leiskite keptuvėje visiškai atvėsti prieš supjaustydami pyrago kvadratėliais.

37. Žemės riešutų pyragaičiai

Markė: 36

Ingridientai

- 1 18,25 uncijos pakuotė tamsaus šokolado pyrago mišinys
- ½ puodelio juodojo šokolado drožlių, maltų
- ½ stiklinės sviesto
- 2 kiaušiniai
- ¼ puodelio vandens
- 1 16 uncijų vonelė, paruošta paskleisti vanilinį glaistą
- 1/3 puodelio žemės riešutų sviesto
- 2 puodeliai cukraus pudros
- ¼ puodelio kakavos
- 3 šaukštai vandens
- ¼ puodelio žemės riešutų sviesto
- ¼ puodelio sviesto
- 1 arbatinis šaukštelis vanilės

Kryptys

a) Įkaitinkite orkaitę iki 350°F. Apipurkškite 13" × 9" keptuvę nepridegančiu kepimo purškalu, kuriame yra miltų, ir atidėkite į šalį.

b) Dideliame dubenyje sumaišykite pyrago mišinį, maltą šokoladą, ½ puodelio žemės riešutų sviesto, kiaušinius ir vandenį ir maišykite, kol susimaišys. Plakite 40 smūgių, tada paskleiskite į paruoštą keptuvę.
c) Kepkite 26–31 minutę arba tol, kol pyragaičiai sustings. Visiškai atvėsinkite ant grotelių.
d) Tame pačiame dubenyje sumaišykite cukraus pudrą ir kakavą ir gerai išmaišykite. Mažame dubenyje, tinkančiam naudoti mikrobangų krosnelėje, sumaišykite vandenį, žemės riešutų sviestą ir mikrobangų krosnelę, kol sviestas išsilydys, maždaug 1 minutę.
e) Supilkite į cukraus pudros mišinį, suberkite vanilę ir plakite iki vientisos masės.
f) Nedelsdami užpilkite žemės riešutų sviesto įdarą ir švelniai paskleiskite, kad padengtų. Leiskite pastovėti, kol glajus sutvirtės, tada supjaustykite juostelėmis.

38. Brownie Bites

Markė: 24

Ingridientai

- 1 18,25 uncijos dėžutė veganiško šokoladinio pyrago mišinys
- 1 29 uncijų skardinė moliūgų tyrė
- 2 puodeliai veganiško šokolado kąsnelių
- 1 puodelis kapotų graikinių riešutų

Kryptys
a) Įkaitinkite orkaitę iki 350°F.
b) Elektriniu plaktuvu sumaišykite pyrago mišinį ir moliūgą, kol jis visiškai susimaišys. Supilkite šokolado gabalėlius ir graikinius riešutus.
c) Dėkite po šaukštą ant nepridegančios kepimo skardos. Kepkite 10 minučių. Atvėsinkite ant grotelių.

39. Šokolado gabaliukai Bud Brownies

Gamintojas: 12

Ingridientai

- 1 3,9 uncijos pakuotė greitai paruošiamas vanilinis pudingas ir sudedamosios dalys, kurių reikia ant dėžutės
- 2 puodeliai nenugriebto pieno
- 1 18,25 uncijos dėžutės šokoladinio pyrago mišinys be pudingo
- 2 puodeliai pusiau saldaus šokolado drožlių

Kryptys
a) Įkaitinkite orkaitę iki 350°F.
b) Pudingą ir pieną išplakite, kad gerai susimaišytų.
c) Į pudingo mišinį pamažu supilkite pyrago mišinį. Sulenkite šokolado drožles.
d) Pasukite tešlą į želė vyniotinį ir kepkite 15-20 minučių.
e) Prieš pjaustydami į batonėlius, leiskite šiek tiek atvėsti.

40. Užpiltas lazdyno riešutų pyragas

Padaro: 24 pyragaičiai

Ingridientai:
- 1 puodelis šokoladinio pyrago mišinio
- 2 ŠAKŠTAI nesūdyto sviesto
- 8 ŠAKŠTAI sviesto
- 1½ stiklinės tamsiai rudojo cukraus, tvirtai supakuoto
- ½ puodelio pieniško šokolado drožlių
- ½ puodelio pusiau saldaus šokolado drožlių
- ½ puodelio skrudintų lazdyno riešutų, susmulkintų

Kryptys
a) Įkaitinkite orkaitę iki 340 ° F (171 ° C). Lengvai padenkite 9 × 13 colių (23 × 33 cm) kepimo skardą nepridegančiu kepimo purškalu ir atidėkite į šalį.
b) Dvigubame katile ant silpnos ugnies ištirpinkite nesūdytą sviestą ir sviestą. Kai ištirps, nukelkite nuo ugnies ir įmaišykite tamsiai rudąjį cukrų. Supilkite sviesto-cukraus mišinį į pyrago mišinį ir išmaišykite, kad susimaišytų.
c) Įdėkite pieniško šokolado drožlių, pusiau saldaus šokolado drožlių ir lazdyno riešutų ir plakite keletą sekundžių, kad greitai pasiskirstytų.
d) Perkelkite mišinį į paruoštą skardą ir kepkite 23–25 minutes arba tol, kol viršus atrodys tamsus ir sausas. Prieš supjaustydami į 24 dalis ir perkeldami į lėkštę, visiškai atvėsinkite keptuvėje.

41. Mažai angliavandenių turintys pyragaičiai

Gamintojas: 12

Ingridientai

- 3 kiaušiniai, sumušti
- 12 T užpilto sviesto
- 3oz. Juodasis šokoladaspyrago mišinys
- 3/4 C eritritolio

Nurodymai:

a) Įkaitinkite orkaitę iki 350°F.
b) Sumaišykite sausus ingredientus ir atidėkite.
c) Išlydytisuleidžiamasviestą ir šokoladą kartu palaikyti 30 sekundžių, supilti į išplaktą kiaušinį ir gerai išmaišyti. Sudėkite sausus ingredientus.
d) Supilkite tešlą į pergamentu išklotą 8x8 formą. Kepkite 20 minučių.

42. Žiogų pyragaičiai

Gamintojas: 12

Ingridientai

- 1 10 uncijų dėžutė šokoladinių biscotti mišinių
- 2 dideli kiaušiniai
- 5 šaukštai sviesto, lydyto
- Ekologiški šokolado kąsneliai
- 3 šaukštai pipirmėčių skonio

Kryptys

a) Įkaitinkite orkaitę iki 350°F. Riebalais ir miltais ištepkite 8" × 8" torto formą. Atidėti.
b) Dideliame dubenyje sumaišykite biscotti mišinį, kiaušinius, sviestą, šokolado gabalėlius ir pipirmėčių skonį.
c) Ingredientams sumaišyti naudokite vidutiniu greičiu nustatytą elektrinį maišytuvą. Supilkite tešlą į keptuvę. Kepkite 25 minutes.

43. Mėtų pyragaičiai

Gamintojas: 18

Ingridientai

Brownies

- 1 puodelis (230 g) nesūdyto sviesto
- 2 uncijos pusiau saldaus šokolado, stambiai supjaustyto
- 1 puodelis šokoladinio pyrago mišinio

Mėtų glaisto sluoksnis

- 1/2 puodelio (115 g) nesūdyto sviesto, suminkštinto iki kambario temperatūros
- 2 puodeliai (240 g) konditerinio cukraus
- 2 valgomieji šaukštai (30 ml) pieno
- 1 ir 1/4 arbatinio šaukštelio pipirmėčių ekstrakto
- 1 lašas skysto arba gelio žalių maistinių dažų

Šokolado sluoksnis

- 1/2 puodelio (115 g) nesūdyto sviesto
- 1 kupinas puodelis (apie 200 g) pusiau saldaus šokolado drožlių

Kryptys

Kepiniams:

a) Sviestą ir susmulkintą šokoladą ištirpinkite vidutinio dydžio puode ant vidutinės ugnies, nuolat maišydami, apie 5 minutes.
b) Įmaišykite į pyrago mišinį

Mėtų glaisto sluoksniui:

c) Plakite sviestą vidutiniu greičiu iki vientisos ir kreminės masės, maždaug 2 minutes. Įpilkite konditerių cukraus ir pieno. Įpilkite pipirmėčių ekstrakto ir maistinių dažiklių ir plakite 1 minutę.
d) Šalčiu atvėsusius pyragus, kuriuos padėjote ant kepimo skardos, ir padėkite kepimo skardą į šaldytuvą.

Šokolado sluoksniui:
e) Sviestą ir šokolado drožles ištirpinkite vidutinio dydžio puode ant vidutinės ugnies, nuolat maišydami, apie 5 minutes.
f) Išsilydžius ir išlyginus, užpilkite ant mėtų sluoksnio.
g) Švelniai paskleiskite peiliu arba ofsetinė mentele. Atvėsinkite.
h) Kai atvės, išimkite iš šaldytuvo ir supjaustykite kvadratėliais.

44. Šokoladiniai lazdyno riešutų pyragaičiai

Ingridientai:
- 1 puodelis nesaldintos kakavos miltelių
- 1 puodelis universalių miltų
- 1 arbatinis šaukštelis. kepimo soda
- $\frac{1}{4}$ arbatinių šaukštelių. druskos
- 2 ŠAKŠTAI nesūdyto sviesto
- 8 ŠAKŠTAI sviesto
- $1\frac{1}{2}$ stiklinės tamsiai rudojo cukraus, tvirtai supakuoto
- 4 dideli kiaušiniai
- 2 arbatiniai šaukšteliai. Vanilės ekstraktas
- $\frac{1}{2}$ puodelio pieniško šokolado drožlių
- $\frac{1}{2}$ puodelio pusiau saldaus šokolado drožlių
- $\frac{1}{2}$ puodelio skrudintų lazdyno riešutų, susmulkintų

Kryptys
a) Įkaitinkite orkaitę iki 340 ° F (171 ° C). Lengvai padenkite 9 × 13 colių (23 × 33 cm) kepimo skardą nepridegančiu kepimo purškalu ir atidėkite į šalį. Vidutiniame dubenyje sumaišykite nesaldintus kakavos miltelius, universalius miltus, kepimo soda ir druską. Atidėti.
b) Dvigubame katile ant silpnos ugnies ištirpinkite nesūdytą sviestą ir sviestą. Kai ištirps, nukelkite nuo ugnies ir įmaišykite tamsiai rudąjį cukrų. Sviesto-cukraus mišinį supilkite į miltų mišinį ir išmaišykite, kad susimaišytų.
c) Dideliame dubenyje elektriniu plaktuvu plakite kiaušinius ir vanilės ekstraktą vidutiniu greičiu 1 minutę. Lėtai supilkite sviesto ir miltų mišinį ir maišykite dar 1 minutę, kol susimaišys. Įdėkite pieniško šokolado drožlių, pusiau saldaus šokolado drožlių ir lazdyno riešutų ir plakite keletą sekundžių, kad greitai pasiskirstytų.

d) Perkelkite mišinį į paruoštą skardą ir kepkite 23-25 minutes arba tol, kol viršus atrodys tamsus ir sausas. Prieš supjaustydami į 24 dalis ir perkeldami į lėkštę, visiškai atvėsinkite keptuvėje.
e) Laikymas: sandariai suvyniotą į plastikinę plėvelę laikyti šaldytuve 4-5 dienas arba šaldiklyje 4-5 mėnesius.

45. Žemės riešutasir Jelly Fudge

Ingridientai:

- Klevų sirupas, ¾ puodelio
- Vanilės ekstraktas, 1 arbatinis šaukštelis
- Žemės riešutai, 1/3 puodelio, susmulkinti
- Žemės riešutų sviestas, ¾ puodelio
- Džiovintos vyšnios, 1/3 puodelio, supjaustytos kubeliais
- Šokolado baltymų milteliai, ½ puodelio

Kryptys

a) Susmulkinkite žemės riešutus ir vyšnias ir palikite į šalį.

b) Įkaitinkite klevų sirupą ant silpnos ugnies, tada dubenyje supilkite žemės riešutų sviestą. Išmaišykite iki vientisos masės.

c) Įpilkite vanilės ir baltymų miltelių ir gerai išmaišykite, kad susimaišytų.

d) Dabar suberkite žemės riešutus ir vyšnias ir švelniai, bet greitai sulenkite.

e) Tešlą perkelkite į paruoštą skardą ir šaldykite, kol sustings.

f) Supjaustykite juostelėmis ir mėgaukitės.

46. Nekepti migdolų fudge

Ingridientai:
- Avižos, 1 puodelis, sumaltos į miltus
- Medus, ½ puodelio
- Greitos avižos, ½ puodelio
- Migdolų sviestas, ½ puodelio
- Vanilės ekstraktas, 1 arbatinis šaukštelis
- Vanilės baltymų milteliai, ½ puodelio
- Šokolado traškučiai, 3 šaukštai traškių ryžių dribsnių, ½ puodelio

Kryptys
a) Apipurkškite kepimo skardą kepimo purškikliu ir palikite nuošalyje. Ryžių dribsnius sumaišykite su avižų miltais ir greitomis avižomis. Laikykite nuošalyje.
b) Keptuvėje ištirpinkite migdolų sviestą su medumi, tada suberkite vanilę.
c) Perkelkite šį mišinį į sausų ingredientų dubenį ir gerai išmaišykite.
d) Perkelkite į paruoštą keptuvę ir mentele išlyginkite.
e) Šaldykite 30 minučių arba kol sutvirtės.
f) Tuo tarpu ištirpinkite šokoladą.
g) Išimkite masę iš keptuvės ir ant viršaus pabarstykite ištirpintu šokoladu. Vėl atšaldykite, kol šokoladas sustings, tada supjaustykite norimo dydžio plytelėmis.

47.   „Red Velvet Fudge" baltymų batonėliai

Ingridientai:
- Skrudintų burokėlių tyrė, 185 g
- Vanilės pupelių pasta, 1 arbatinis šaukštelis
- Nesaldintas sojos pienas, ½ puodelio
- Riešutų sviestas, 128 g
- Rožinė Himalajų druska, 1/8 arbatinio šaukštelio
- Ekstraktas (sviestas), 2 arbat
- Neapdorota stevija, ¾ puodelio
- Avižiniai miltai, 80 g
- Baltymų milteliai, 210 g

Kryptys

a) Puode ištirpinkite sviestą ir suberkite avižų miltus, baltymų miltelius, burokėlių tyrę, vanilę, ekstraktą, druską ir steviją. Maišykite, kol susimaišys.

b) Dabar įpilkite sojos pieno ir maišykite, kol gerai susimaišys.

c) Perkelkite mišinį į keptuvę ir šaldykite 25 minutes.

d) Kai mišinys sutvirtės, supjaustykite į 6 batonėlius ir skanaukite.

48. Fudge Munchies

Porcijos: 6-8

Ingridientai:
- 1/2 puodelio sviesto
- 1/2 puodelio migdolų sviesto
- 1/8 iki 1/4 puodelio medaus
- 1/2 banano, sutrintas
- 1 arbatinis šaukštelis. Vanilės ekstraktas
- bet kokio riešutų sviesto
- 1/8 puodelio džiovintų vaisių
- 1/8 puodelio šokolado traškučių

Nurodymai:
a) Blenderyje arba virtuvės kombainu sudėkite visus ingredientus. Plakite keletą minučių iki vientisos masės. 2. Tešlą supilkite į kepimo formą, išklotą kepimo popieriumi.
b) Šaldykite arba užšaldykite, kol sutvirtės. Supjaustykite į 8 vienodus kvadratus.

49. Šaltas Mocha Brownies

Ingridientai

- 1 c. cukraus
- 1/2 c. sviesto, suminkštinto
- 1/3 c. kakavos kepimas
- 1 t. tirpios kavos granulės
- 2 kiaušiniai, sumušti
- 1 t. Vanilės ekstraktas
- 2/3 c. universalūs miltai
- 1/2 t. kepimo milteliai
- 1/4 t. druskos
- 1/2 c. kapotų graikinių riešutų

Kryptys

a) Puode sumaišykite cukrų, sviestą, kakavą ir kavos granules. Virkite ir maišykite ant vidutinės ugnies, kol sviestas ištirps. Nuimkite nuo ugnies; atvėsinkite 5 minutes. Įpilkite kiaušinių ir vanilės; maišykite, kol tik susimaišys.

b) Sumaišykite miltus, kepimo miltelius ir druską; sutarkuokite riešutus. Tešlą paskleiskite į riebalais išteptą 9"x9" kepimo formą. Kepkite 350 laipsnių temperatūroje 25 minutes arba kol sustings.

c) Atvėsinkite keptuvėje ant grotelių. Užtepkite Mocha Frosting ant atvėsusių pyragaičių; supjaustykite juosteles. Padaro vieną tuziną.

50. Pekano sviesto chia sėklų blondinės

Ingridientai

- 2 1/4 puodelio pekano riešutai, skrudinti
- 1/2 puodelio Chia sėklų
- 1/4 stiklinės sviesto, lydytas
- 1/4 puodelio eritritolio, miltelių pavidalo
- 1 valgomasis šaukštas SF Torani sūdytas

Karamelė

- 2 lašai skystos stevijos
- 2 dideli kiaušiniai
- 1 arbatinis šaukštelis. Kepimo milteliai
- 3 šaukštai riebios grietinėlės
- 1 žiupsnelis druskos

Kryptys

a) Įkaitinkite orkaitę iki 350 F. Išmatuokite 2 1/4 puodelio pekano riešutų.
b) 1/2 puodelio nesmulkintų chia sėklų sumalkite prieskonių trintuve, kol susidarys patiekalas.
c) Išimkite chia miltus ir sudėkite į dubenį. Tada sumalkite 1/4 puodelio eritritolio prieskonių trintuve iki miltelių. Sudėkite į tą patį dubenį kaip ir chia patiekalą.
d) 2/3 skrudintų pekano riešutų sudėkite į virtuvinį kombainą.
e) Riešutus apdorokite, jei reikia, nubraukdami kraštais žemyn, kol pasidarys lygus riešutų sviestas.
f) Į chia mišinį įpilkite 3 didelius kiaušinius, 10 lašų skystos stevijos, 3 šaukštus SF sūdyto karamelinio toranio sirupo ir žiupsnelį druskos. Tai gerai išmaišykite.

g) Į tešlą įpilkite pekano sviesto ir vėl išmaišykite.
h) Naudodami kočėlą, plastikinio maišelio viduje susmulkinkite likusius skrudintus pekano riešutus.
i) Į tešlą įpilkite susmulkintų pekano riešutų ir 1/4 puodelio lydyto sviesto.
j) Gerai išmaišykite tešlą, tada įpilkite 3 šaukštus grietinėlės ir 1 arbatinį šaukštelį. Kepimo milteliai. Viską gerai išmaišyti.
k) Išmatuokite tešlą į 9 × 9 dėklą ir išlyginkite.
l) Kepkite 20 minučių arba iki norimos konsistencijos.
m) Leiskite atvėsti apie 10 minučių. Nupjaukite pyrago kraštelius, kad susidarytumėte vienodą kvadratą. Tai aš vadinu „kepėjų skanėstu" – taip, jūs atspėjote!
n) Užkandžiaukite tais blogiukais, kol ruošite juos tarnauti visiems kitiems. Vadinamoji pyrago „geriausia dalis" yra kraštai, todėl jūs nusipelnėte turėti visa tai.
o) Patiekite ir valgykite iki soties (tiksliau – makrokomandų)!

51. Obuolių pyragaičiai

Ingridientai

- 1/2 c. sviesto, suminkštinto
- 1 c. cukraus
- 1 t. Vanilės ekstraktas
- 1 kiaušinis, sumuštas
- 1-1/2 c. universalūs miltai
- 1/2 t. kepimo soda

Kryptys

a) Įkaitinkite orkaitę iki 350 laipsnių F (175 laipsnių C). 9x9 colių kepimo formą ištepkite riebalais.
b) Dideliame dubenyje išplakite ištirpintą sviestą, cukrų ir kiaušinį iki purios masės. Supilkite obuolius ir graikinius riešutus. Atskirame dubenyje išsijokite miltus, druską, kepimo miltelius, soda ir cinamoną.
c) Miltų mišinį įmaišykite į šlapią mišinį, kol jis tiesiog susimaišys. Paruoštoje kepimo formoje tolygiai paskirstykite tešlą.
d) Kepkite 35 minutes įkaitintoje orkaitėje arba tol, kol į centrą įsmeigtas dantų krapštukas išeis švarus.

52. Pipirmėčių žievės pyragaičiai

Ingridientai

- 20 uncijų. pkg. fudge brownie mišinys
- 12 uncijų. pkg. baltojo šokolado drožlių
- 2 t. margarino
- 1-1/2 c. saldainių lazdelės, susmulkintos

Kryptys

a) Paruoškite ir kepkite pyrago mišinį pagal pakuotės nurodymus, naudodami riebalais išteptą 13"x9" kepimo skardą. Iškepus visiškai atvėsinti keptuvėje.
b) Puode ant labai mažos ugnies, nuolat maišydami gumine mentele, ištirpinkite šokolado drožles ir margariną. Tepkite mišinį ant pyragaičių; pabarstykite grūstais saldainiais.
c) Leiskite pastovėti apie 30 minučių prieš supjaustydami kvadratais. Padaro 2 tuzinus.

53. Žemės riešutų sviesto batonėliai

Ingridientai

Pluta

- 1 puodelis migdolų miltų
- 1/4 stiklinės sviesto, lydytas
- 1/2 arbatinio šaukštelio. Cinamonas
- 1 valgomasis šaukštas eritritolio
- Žiupsnelis druskos

Fudge

- 1/4 puodelio riebios grietinėlės
- 1/4 stiklinės sviesto, lydytas
- 1/2 puodelio žemės riešutų sviesto
- 1/4 puodelio eritritolio
- 1/2 arbatinio šaukštelio. Vanilės ekstraktas
- 1/8 arbatinių šaukštelių. Ksantano guma
- Priedai
- 1/3 puodelio lelijos šokolado, supjaustyto

Kryptys

a) Įkaitinkite orkaitę iki 400°F. Ištirpinkite 1/2 puodelio sviesto. Pusė bus skirta plutai, o pusė - fudge. Sumaišykite migdolų miltus ir pusę ištirpinto sviesto.

b) Įpilkite eritritolio ir cinamono, tada sumaišykite. Jei naudojate nesūdytą sviestą, įberkite žiupsnelį druskos, kad išryškintumėte daugiau skonių.

c) Išmaišykite iki vientisos masės ir įspauskite į kepimo popieriumi išklotos kepimo formos dugną. Kepkite plutą 10 minučių arba tol, kol kraštai taps auksinės spalvos. Išimkite ir palikite atvėsti.
d) Įdarui sumaišykite visus fudge ingredientus nedideliu blenderiu arba virtuviniu kombainu ir sutrinkite. Taip pat galite naudoti elektrinį rankinį maišytuvą ir dubenį.
e) Būtinai nubraukite šonus ir gerai sumaišykite visus ingredientus.
f) Kai pluta atvės, švelniai paskleiskite fudge sluoksnį iki pat kepimo indo kraštų. Naudokite mentele, kad kuo geriau išlygintumėte viršų.
g) Prieš pat atšaldydami batonėlius apibarstykite smulkintu šokoladu.
h) Šaldykite per naktį arba užšaldykite, jei norite greitai.
i) Kai atvės, nuimkite juosteles, ištraukdami pergamentinį popierių.
j) Supjaustykite į 8-10 batonėlių ir patiekite! Šiuos žemės riešutų sviesto batonėlius reikėtų mėgautis atšaldytus!

54. Mėgstamiausi cukinijų pyragaičiai

Ingridientai

- 1/4 c. sviesto, lydyto
- 1 puodelis žemės riešutų sviesto
- 1 kiaušinis, sumuštas
- 1 t. Vanilės ekstraktas
- 1 c. universalūs miltai
- 1 t. kepimo milteliai
- 1/2 t. kepimo soda
- 1 T. vandens
- 1/2 t. druskos
- 2-1/2 T. kepimo kakavos
- 1/2 c. kapotų graikinių riešutų
- 3/4 c. cukinijos, susmulkintos
- 1/2 c. pusiau saldaus šokolado drožlių

Kryptys

a) Dideliame dubenyje sumaišykite visus ingredientus, išskyrus šokolado drožles.

b) Tešlą paskleiskite į riebalais išteptą 8"x8" kepimo formą; pabarstykite tešlą šokolado drožlėmis.

c) Kepkite 350 laipsnių temperatūroje 35 minutes. Prieš pjaustydami į batonėlius, atvėsinkite. Padaro vieną tuziną.

55. Salykliniai šokoladiniai pyragaičiai

Ingridientai

- 12 uncijų. pkg. pieniško šokolado drožlių
- 1/2 c. sviesto, suminkštinto
- 3/4 c. cukraus
- 1 t. Vanilės ekstraktas
- 3 kiaušiniai, sumušti
- 1-3/4 c. universalūs miltai
- 1/2 c. salyklo pieno milteliai
- 1/2 t. druskos
- 1 c. salyklo pieno rutuliukai, stambiai supjaustyti

Kryptys

a) Puode ant silpnos ugnies, dažnai maišydami, ištirpinkite šokolado drožles ir sviestą. Nuimkite nuo ugnies; leiskite šiek tiek atvėsti.

b) Sumaišykite likusius ingredientus, išskyrus salyklo pieno rutuliukus, nurodyta tvarka.

c) Tešlą paskleiskite į riebalais išteptą 13 x 9 colių kepimo formą. Apšlakstykite salyklo pieno rutuliais; kepkite 350 laipsnių temperatūroje nuo 30 iki 35 minučių. Saunus. Supjaustyti batonėliais. Padaro 2 tuzinus.

56. Vokiški šokoladiniai pyragaičiai

Ingridientai

- 14 uncijų. pkg. karamelės, išvyniotos
- 1/3 c. išgarintas pienas
- 18-1/4 uncijos. pkg. Vokiško šokoladinio pyrago mišinys
- 1 c. kapotų riešutų
- 3/4 c. sviesto, lydyto
- nuo 1 iki 2 c. pusiau saldaus šokolado drožlių

Kryptys

a) Ištirpinkite karameles su išgarintu pienu dvigubame katile. Dubenyje sumaišykite sausą pyrago mišinį, riešutus ir sviestą; maišykite, kol mišinys susijungs. Pusę tešlos įspauskite į riebalais išteptą ir miltais pabarstytą 13"x9" kepimo formą.

b) Kepkite 350 laipsnių temperatūroje 6 minutes. Išimkite iš orkaitės; pabarstykite šokolado drožlėmis ir apibarstykite karamelės mišiniu. Ant viršaus uždėkite likusį tešlą.

c) Kepkite 350 laipsnių temperatūroje 15-18 minučių ilgiau. Saunus; supjaustyti batonėliais. Padaro 1-1/2 tuzino.

57. Matcha Green Tea Fudge

Ingridientai:
- Skrudinto migdolų sviestas, 85 g
- Avižiniai miltai, 60 g
- Nesaldintas vanilinis migdolų pienas, 1 stiklinė
- Baltymų milteliai, 168 g
- Tamsus šokoladas, 4 uncijos. ištirpo
- Matcha žaliosios arbatos milteliai, 4 arbatiniai šaukšteliai
- Stevijos ekstraktas, 1 arbatinis šaukštelis
- Citrina, 10 lašų

Kryptys

a) Puode ištirpinkite sviestą ir suberkite avižų miltus, arbatos miltelius, baltymų miltelius, citrinos lašus ir steviją. Gerai ismaisyti.

b) Dabar supilkite pieną ir nuolat maišykite, kol gerai susimaišys.

c) Perkelkite mišinį į kepimo formą ir šaldykite, kol sustings.

d) Ant viršaus užpilkite ištirpintą šokoladą ir vėl dėkite į šaldytuvą, kol šokoladas sutvirtės.

e) Supjaustykite į 5 batonėlius ir mėgaukitės.

58. Imbieriniai pyragaičiai

Ingridientai

- 1-1/2 c. universalūs miltai
- 1 c. cukraus
- 1/2 t. kepimo soda
- 1/4 c. kakavos kepimas
- 1 t. malto imbiero
- 1 t. cinamono
- 1/2 t. maltų gvazdikėlių
- 1/4 c. sviesto,ištirpinto ir šiek tiek atvėsinto
- 1/3 c. melasa
- 2 kiaušiniai, sumušti
- Garnyras: cukraus pudra

Kryptys

a) Dideliame dubenyje sumaišykite miltus, cukrų, soda, kakavą ir prieskonius. Atskirame dubenyje sumaišykite sviestą, melasą ir kiaušinius. Į miltų mišinį įpilkite sviesto mišinio, maišykite, kol viskas susimaišys.

b) Tešlą paskleiskite į riebalais išteptą 13 x 9 colių kepimo formą. Kepkite 350 laipsnių temperatūroje 20 minučių arba tol, kol dantų krapštukas bus švarus, įkištas į centrą.

c) Atvėsinkite keptuvėje ant grotelių. Pabarstykite cukraus pudra. Supjaustykite kvadratėliais. Padaro 2 tuzinus.

Slapukai

59. Konteinerių ir karamelinių sausainių

Padaro apie 2 dešimtis

Ingridientai

- 1 pakuotė šokoladinio pyrago mišinio (įprasto dydžio)
- 1/2 stiklinės sviesto, lydyto
- 2 dideli kiaušiniai, kambario temperatūros
- 1 puodelis sulaužytų miniatiūrinių klingerų, padalintas
- 1 puodelis pusiau saldaus šokolado drožlių
- 2 šaukštai sūdytos karamelės užpilo

Kryptys

a) Įkaitinkite orkaitę iki 350°. Sumaišykite pyrago mišinį lydytą sviestą ir kiaušinius; plakite, kol susimaišys. Įmaišykite 1/2 puodelio klingerus, šokolado drožles ir karamelės užpilą.

b) Suapvalintus šaukštus 2 colių atstumu uždėkite ant riebalais išteptų kepimo skardų. Šiek tiek išlyginkite stiklinės dugnu; užspauskite likusius klingerus ant kiekvieno viršaus. Kepkite 8-10 minučių arba kol sustings.

c) Atvėsinkite keptuvėse 2 minutes. Iškelkite į groteles, kad visiškai atvėstų.

60. Kanapių sausainis

Padaro 12 porcijų

Ingridientai

- 1 pakuotė šokoladinio pyrago mišinio (įprasto dydžio)
- 2 dideli kiaušiniai, kambario temperatūros
- 1/2 stiklinės alyvuogių aliejaus
- 1 puodelis pusiau saldaus šokolado drožlių
- 1 puodelis kreminio žemės riešutų sviesto
- 1/2 stiklinės konditerinio cukraus

Kryptys

a) Įkaitinkite orkaitę iki 350°.

b) Dideliame dubenyje sumaišykite pyrago mišinį, kiaušinius ir aliejų, kol susimaišys. Įmaišykite šokolado drožles. Pusę tešlos suspauskite į 10 colių. ketaus ar kitos orkaitei atsparios keptuvės.

c) Sumaišykite žemės riešutų sviestą ir konditerinį cukrų; paskirstykite ant tešlos keptuvėje.

d) Likusią tešlą tarp pergamento lakštų suspauskite į 10 colių skersmenį. ratas; vietos perpildymas.

e) Kepkite, kol centre įsmeigtas dantų krapštukas išeis su drėgnais trupiniais, 20-25 minutes.

61. Cake mix sausainiai

Padaro: 54 porcijos

Ingredientas

- 1 pakelis vokiško šokoladinio pyrago mišinio; įtrauktas pudingas
- 1 puodelis pusiau saldžių šokolado traškučių
- ½ puodelio valcuotų avižų
- ½ puodelio razinų
- ½ stiklinės alyvuogių aliejaus
- 2 Kiaušiniai; šiek tiek sumuštas

Kryptys

a) Įkaitinkite orkaitę iki 350 laipsnių.

b) Dideliame dubenyje sumaišykite visus ingredientus; gerai išmaišyti. Tešlą suapvalintais arbatiniais šaukšteliais dviejų colių atstumu vienas nuo kito padėkite ant nateptų sausainių lakštų.

c) Kepkite 350 laipsnių temperatūroje 8-10 minučių arba kol sustings. Atvėsinti 1 minutę; išimti iš sausainių lakštų.

62. Devil Crunch Cookies

Gamina: 60 SAUSAINIŲ

Ingridientai

- 1 18,25 uncijos šokoladinio pyrago mišinys
- ½ stiklinės alyvuogių aliejaus
- 2 kiaušiniai, šiek tiek paplakti
- ½ puodelio kapotų pekano riešutų
- 5 įprasti pieniško šokolado plytelės, padalintos į kvadratus
- ½ puodelio saldinto kokoso drožlių

Kryptys

a) Įkaitinkite orkaitę iki 350°F.
b) Dubenyje sumaišykite pyrago mišinį, aliejų ir kiaušinius ir iki galo išmaišykite. Švelniai įmaišykite pekano riešutus į tešlą.
c) Tešlą po šaukštą pilkite ant neteptų sausainių lakštų. Kepkite 10 minučių. Išimkite, kai sausainiai sustings, bet dar šiek tiek minkšti centre.
d) Ant kiekvieno sausainio uždėkite po vieną kvadratą pieniško šokolado. Kai jis ištirps, paskleiskite, kad sausainio viršus susidarytų šokolado danga.
e) Nedelsdami perkelkite sausainius ant grotelių ir leiskite jiems visiškai atvėsti.

63. Pekano sausainiai

Gamina: 24 SLAUKŠIAI

Ingridientai

- 1 puodelis sviestinio pekano pyrago mišinio
- 1 puodelis šokoladinio pyrago mišinio
- 2 kiaušiniai, šiek tiek paplakti
- ½ stiklinės alyvuogių aliejaus
- 2 šaukštai vandens

Kryptys
a) Įkaitinkite orkaitę iki 350°F.
b) Sumaišykite ingredientus ir išmaišykite iki vientisos masės.
c) Dėkite po šaukštą ant neteptos sausainių skardos. Kepkite 15 minučių arba iki auksinės spalvos ir sustings.
d) Leiskite atvėsti ant sausainių skardos 5 minutes. Iškelkite ant grotelių, kad visiškai atvėstų.

64. Plaktos grietinėlės pyragaičiai

Gamina; 48 Slapukai

Ingridientai

- 1 18 uncijų dėžutės šokoladinio pyrago mišinys
- 1 valgomasis šaukštas kakavos miltelių
- 1 kiaušinis
- 1 puodelis pekano riešutų, susmulkintų
- ¼ puodelio cukraus
- 4 uncijos plakto užpilo

Kryptys
a) Įkaitinkite orkaitę iki 350°F.
b) Sumaišykite pyrago mišinį, kakavos miltelius ir kiaušinį ir gerai išmaišykite. Švelniai įmaišykite pekano riešutus į tešlą.
c) Pabarstykite rankas cukrumi, tada iš tešlos suformuokite mažus rutuliukus. Sausainių rutuliukus aptepkite cukrumi.
d) Padėkite ant sausainių lapo, palikdami 2 colius tarp sausainių.
e) Kepkite 12 minučių arba kol sustings. Išimkite iš orkaitės ir perkelkite ant grotelių, kad atvėstų. Viršų su plaktu užpilu.

65. Tortų mišinys sumuštinių sausainiai

Gaminiai: 10

Ingridientai

- 1 18,25 uncijos dėžutės šokoladinio pyrago mišinys
- 1 kiaušinis, kambario temperatūros
- ½ stiklinės sviesto
- 1 12 uncijų kubilo vanilinis glajus

Kryptys

a) Įkaitinkite orkaitę iki 350°F.
b) Uždenkite sausainių lakštą pergamentinio popieriaus sluoksniu. Atidėti.
c) Dideliame dubenyje sumaišykite pyrago mišinį, kiaušinį ir sviestą. Naudokite elektrinį maišytuvą, kad pagamintumėte lygią, vienodą tešlą.
d) Iš sausainių tešlos iškočiokite 1" rutuliukus ir dėkite ant sausainių skardos. Kiekvieną rutuliuką šaukštu paspauskite, kad išsilygintų. Kepkite 10 min.
e) Leiskite sausainiams visiškai atvėsti prieš uždėdami glaisto sluoksnį tarp dviejų sausainių.

66. Granola ir šokoladiniai sausainiai

Gamina: 36 Slapukai

Ingridientai

- 1 18,25 uncijos šokoladinio pyrago mišinys
- ¾ puodelio sviesto. suminkštėjo
- ½ puodelio supakuoto rudojo cukraus
- 2 kiaušiniai
- 1 puodelis granola
- 1 puodelis baltojo šokolado drožlių
- 1 puodelis džiovintų vyšnių

Kryptys

a) Įkaitinkite orkaitę iki 375 ° F.
b) Dideliame dubenyje sumaišykite pyrago mišinį, sviestą, rudąjį cukrų ir kiaušinius ir plakite, kol susidarys tešla.
c) Įmaišykite granolą ir baltojo šokolado drožles. Padėkite po arbatinį šaukštelį maždaug 2 colių atstumu vienas nuo kito ant neteptų sausainių lakštų.
d) Kepkite 10–12 minučių arba tol, kol sausainiai bus švelniai auksinės spalvos aplink kraštus.
e) Atvėsinkite ant sausainių lakštų 3 minutes, tada išimkite ant grotelių.

67. Cukriniai sausainiai

Gamina: 48 Slapukai

Ingridientai

- 1 18,25 uncijos baltojo šokolado pyrago mišinys
- ¾ puodelio sviesto
- 2 kiaušinių baltymai
- 2 šaukštai šviesios grietinėlės

Kryptys

a) Sudėkite pyrago mišinį į didelį dubenį. Naudodami konditerijos trintuvą arba dvi šakutes, supjaustykite sviestu, kol dalelės bus smulkios.
b) Įmaišykite kiaušinių baltymus ir grietinėlę iki vientisos masės. Iš tešlos suformuokite rutulį ir uždenkite.
c) Atšaldykite mažiausiai dvi valandas ir net 8 valandas šaldytuve.
d) Įkaitinkite orkaitę iki 375 ° F.
e) Iš tešlos iškočiokite 1" rutuliukus ir dėkite ant neteptų sausainių lakštų. Išlyginkite iki ¼" storio stiklinės dugnu.
f) Kepkite 7–10 minučių arba kol sausainių kraštai taps šviesiai rudi.
g) Atvėsinkite ant sausainių lakštų 2 minutes, tada iškelkite į groteles, kad visiškai atvėstų.

68. Vokiški slapukai

Padaro: 4 dešimčių sausainių

Ingridientai

- 1 18,25 uncijos dėžutė vokiško šokoladinio pyrago mišinys
- 1 puodelis pusiau saldaus šokolado drožlių
- 1 puodelis avižinių dribsnių
- ½ stiklinės alyvuogių aliejaus
- 2 kiaušiniai, šiek tiek paplakti
- ½ puodelio razinų
- 1 arbatinis šaukštelis vanilės

Kryptys

a) Įkaitinkite orkaitę iki 350°F.
b) Sumaišykite visus ingredientus. Gerai išmaišykite naudodami elektrinį maišytuvą, nustatytą mažu greičiu. Jei susidaro miltų trupiniai, įpilkite šlakelį vandens.
c) Supilkite tešlą po šaukštą ant neteptos sausainių skardos.
d) Kepkite 10 minučių.
e) Prieš keldami sausainius nuo lakšto ir ant serviravimo indo, visiškai atvėsinkite.

69. Anisettės sausainiai

Porcijos: 36

Ingridientai:

- 1 puodelis cukraus
- 1 puodelis sviesto
- 3 stiklinės miltų
- ½ puodelio pieno
- 2 plakti kiaušiniai
- 1 valgomasis šaukštas kepimo miltelių
- 1 valgomasis šaukštas migdolų ekstrakto
- 2 arbatiniai šaukšteliai aniseto likerio
- 1 puodelis konditerinio cukraus

Kryptys:

a) Įkaitinkite orkaitę iki 375 laipsnių pagal Farenheitą.

b) Cukrų ir sviestą išplakti iki šviesios ir purios masės.

c) Palaipsniui įmaišykite miltus, pieną, kiaušinius, kepimo miltelius ir migdolų ekstraktą.

d) Minkykite tešlą, kol ji taps lipni.

e) Sukurkite mažus rutuliukus iš 1 colio ilgio tešlos gabalėlių.

f) Įkaitinkite orkaitę iki 350 ° F ir sutepkite kepimo skardą. Sudėkite rutuliukus ant kepimo skardos.

g) Įkaitinkite orkaitę iki 350 ° F ir kepkite sausainius 8 minutes.

h) Dubenyje sumaišykite aniseto likerį, konditerinį cukrų ir 2 šaukštus karšto vandens.

i) Galiausiai dar šiltus sausainius panardinkite į glajų.

70. Sausainiai su šokolado gabaliukais

Porcijos: 12 sausainių

Ingridientai:

- ½ puodelio sviesto
- ⅓ puodelio grietinėlės sūrio
- 1 plaktas kiaušinis
- 1 arbatinis šaukštelis vanilės ekstrakto
- ⅓ puodelio eritritolio
- ½ puodelio kokoso miltų
- ⅓ puodelio šokolado be cukraus

Nurodymai:

a) Įkaitinkite oro gruzdintuvą iki 350 ° F. Keptuvės krepšelį išklokite kepimo popieriumi ir įdėkite sausainius

b) Dubenyje sumaišykite sviestą ir kreminį sūrį. Įpilkite eritritolio ir vanilės ekstrakto ir plakite iki purumo. Įmuškite kiaušinį ir plakite, kol susimaišys. Sumaišykite kokoso miltus ir šokolado drožles. Leiskite tešlai pailsėti 10 minučių.

c) Išgriebkite maždaug 1 šaukštą tešlos ir suformuokite sausainius.

d) Sudėkite sausainius į oro gruzdintuvės krepšelį ir kepkite 6 minutes.

71. Saldūs žali sausainiai

Ingridientai:

- 165 g žaliųjų žirnelių.
- 80 g kapotų Medrol datulių.
- 60 g šilkinio tofu, sutrinto.
- 100 g migdolų miltų.
- 1 arbatinis šaukštelis kepimo miltelių.
- 12 migdolų.

Nurodymai:

a) Įkaitinkite orkaitę iki 180°C/350°F.

b) Žirnius ir datules sumaišykite virtuviniu kombainu.

c) Apdorokite, kol susidarys tiršta pasta.

d) Perkelkite žirnių mišinį į dubenį. Įmaišykite tofu, migdolų miltus ir kepimo miltelius. Iš mišinio suformuokite 12 rutuliukų.

e) Išdėliokite rutuliukus ant kepimo skardos, išklotos pergamentiniu popieriumi. Kiekvieną rutulį išlyginkite aliejumi pateptu delnu.

f) Į kiekvieną sausainį įdėkite po migdolą. Kepkite sausainius 25-30 minučių arba iki švelniai auksinės spalvos.

g) Prieš patiekdami atvėsinkite ant grotelių.

72. Šokoladiniai sausainiai

Ingridientai:

- 2 puodeliai universalių miltų be glitimo.
- 1 arbatinis šaukštelis soda.
- 1 arbatinis šaukštelis jūros druskos.
- 1/4 puodelio veganiško jogurto.
- 7 šaukštai veganiško sviesto.
- 3 šaukštai anakardžių sviesto
- 1 1/4 puodelio kokoso cukraus.
- 2 chia kiaušiniai.
- Tamsaus šokolado plytelė, įsilaužimo porcijos.

Nurodymai:

a) Įkaitinkite orkaitę iki 375 ° F

b) Vidutinio dydžio maišymo dubenyje sumaišykite miltus be glitimo, druską ir kepimo soda. Atidėkite į šalį, kol ištirpsite sviestą.

c) Į dubenį sudėkite sviestą, jogurtą, anakardžių sviestą, kokosų cukrų ir maišytuvu arba rankiniu maišytuvu plakite kelias minutes, kol susimaišys.

d) Įdėkite chia kiaušinius ir gerai išmaišykite.

e) Įmaišykite miltus į chia kiaušinių mišinį ir plakite ant silpnos ugnies, kol susimaišys.

f) Supilkite šokolado gabalėlius.

g) Tešlą dėkite į šaldytuvą, kad sustingtų 30 minučių.

h) Išimkite tešlą iš šaldytuvo ir leiskite sustingti iki kambario temperatūros, maždaug 10 minučių, o sausainių skardą išklokite pergamentiniu popieriumi.

i) Rankomis ant pergamentinio popieriaus užmaukite 1 1/2 šaukšto dydžio sausainių tešlos. Tarp kiekvieno sausainio palikite šiek tiek vietos.

j) Kepkite sausainius 9-11 minučių. Džiaukis!

73. Sūrio užkandžių sausainiai

Išeiga: 1 porcija

Ingredientas

- 4 uncijos (1 puodelis) susmulkinto aštraus čederio sūrio.
- ½ puodelio majonezo arba suminkštinto sviesto
- 1 puodelis universalių miltų
- ½ arbatinio šaukštelio druskos
- 1 brūkšnis maltų raudonųjų pipirų

Nurodymai:

a) Lengvai supilkite miltus į matavimo puodelį; išsilyginti.

b) Vidutiniame inde sumaišykite sūrį, margariną, miltus, druską ir raudonuosius pipirus. Kruopščiai sumaišykite ir uždenkite ir atvėsinkite 1 valandą.

c) Iš tešlos suformuokite 1 colio rutuliukus.

d) Padėkite 2 colių atstumu vienas nuo kito ant neteptos keptuvės. Išlyginkite šakute arba naudokite miltuose pamirkytą mėsos minkštiklio paviršių.

e) Jei norite, lengvai apibarstykite paprika.

f) Kepkite ant grotelių 10-12 minučių

74. Migdolų cukraus sausainiai

Išeiga: 32 sausainiai

Ingredientas

- 5 šaukštai margarino (75 g)
- 1½ šaukšto fruktozės
- 1 valgomasis šaukštas kiaušinio baltymas (15 ml)
- ¼ arbatinio šaukštelio migdolų, vanilės arba citrinų ekstrakto (1,25 ml)
- 1 puodelis nebalintų miltų (125 g)
- ⅛ arbatinio šaukštelio kepimo sodos (.6 ml)
- 1 žiupsnelis dantų akmenų kremas
- 32 migdolų griežinėliai

Kryptys

a) Įkaitinkite orkaitę iki 350F (180C). Vidutinio dydžio dubenyje sumaišykite margariną ir fruktozę, plakite iki šviesios ir purios masės. Įmaišykite kiaušinio baltymą ir migdolų ekstraktą. Palaipsniui įmaišykite miltus, sodą ir grietinėlę tartų; gerai ismaisyti. Suformuokite ½ colio (1½ cm) rutuliukus. Padėkite ant nepridegančio sausainių lapo.

b) Kiekvieną sausainį apibarstykite migdolų griežinėliu. Kepkite 8-10 minučių, kol švelniai apskrus. Perkelkite ant pergamento arba vaško popieriaus, kad atvėstų.

75. Cukriniai sausainiai

Gamina: 48 Slapukai

Ingridientai

- 1 18,25 uncijos baltojo šokolado pyrago mišinys
- ¾ puodelio sviesto
- 2 kiaušinių baltymai
- 2 šaukštai šviesios grietinėlės

Kryptys

a) Sudėkite pyrago mišinį į didelį dubenį. Naudodami konditerijos trintuvą arba dvi šakutes, supjaustykite sviestu, kol dalelės bus smulkios.
b) Įmaišykite kiaušinių baltymus ir grietinėlę iki vientisos masės. Iš tešlos suformuokite rutulį ir uždenkite.
c) Atšaldykite mažiausiai dvi valandas ir net 8 valandas šaldytuve.
d) Įkaitinkite orkaitę iki 375 ° F.
e) Iš tešlos iškočiokite 1" rutuliukus ir dėkite ant neteptų sausainių lakštų. Išlyginkite iki ¼" storio stiklinės dugnu.
f) Kepkite 7-10 minučių arba kol sausainių kraštai taps šviesiai rudi.
g) Atvėsinkite ant sausainių lakštų 2 minutes, tada iškelkite į groteles, kad visiškai atvėstų.

76.   Cukriniai sausainiai su sviestiniu kremu

IŠELIS: 5 TUZINĖS

Ingridientai

Slapukas:

- 1 puodelis sviesto
- 1 puodelis baltojo cukraus
- 2 kiaušiniai
- 1/2 arbatinio šaukštelio vanilės ekstrakto
- 31/4 stiklinės universalių miltų
- 1/2 arbatinio šaukštelio kepimo miltelių
- 1/2 arbatinio šaukštelio kepimo sodos
- 1/2 arbatinio šaukštelio druskos

Sviestinio kremo glaistymas:

- 1/2 puodelio patrumpinimo
- 1 svaras konditerių cukraus
- 5 šaukštai vandens
- 1/4 arbatinio šaukštelio druskos
- 1/2 arbatinio šaukštelio vanilės ekstrakto
- 1/4 arbatinio šaukštelio sviesto skonio ekstrakto

Kryptys

a) Dideliame dubenyje elektriniu plaktuvu sumaišykite sviestą, cukrų, kiaušinius ir vanilę iki šviesios ir purios masės. Sumaišykite miltus, kepimo miltelius, soda ir druską; palaipsniui įmaišykite miltų mišinį į sviesto mišinį, kol gerai susimaišys, naudodami tvirtą šaukštą. Atšaldykite tešlą 2 valandas.

b) Įkaitinkite orkaitę iki 400°F (200°C). Ant lengvai miltais pabarstyto paviršiaus iškočiokite tešlą iki 1/4 colio storio. Supjaustykite norimomis formomis, naudodami sausainių formeles. Sudėkite sausainius 2 colių atstumu vienas nuo kito ant neteptų sausainių lakštų.

c) Kepkite 4-6 minutes įkaitintoje orkaitėje. Išimkite sausainius iš keptuvės ir atvėsinkite ant grotelių.

d) Elektriniu plaktuvu iki purumo išplakite konditerinį cukrų, vandenį, druską, vanilės ekstraktą ir sviesto skonį. Visiškai atvėsusį sausainius užšaldykite.

77.   Migdolų plytų cukraus sausainiai

Išeiga: 1 porcija

Ingredientas

- $2\frac{1}{4}$ puodelio universalių miltų
- 1 puodelis Cukraus
- 1 puodelis Sviesto
- 1 Kiaušinis
- 1 arbatinis šaukštelis Kepimo soda
- 1 arbatinis šaukštelis vanilės
- 6 uncijos migdolų plytelės

Kryptys

a) Įkaitinkite orkaitę iki 350 F. Sutepkite sausainių lakštus. Dideliame maišytuvo dubenyje sumaišykite miltus, cukrų, sviestą, kiaušinį, kepimo soda ir vanilę. Plakite vidutiniu greičiu, dažnai braukdami dubenį, kol gerai susimaišys, 2-3 minutes. Įmaišykite migdolų plytų gabalėlius.

b) Suapvalintus šaukštus tešlos suformuokite į 1 colio rutuliukus. Padėkite 2 colių atstumu vienas nuo kito ant paruoštų sausainių lakštų. Išlyginkite sausainius iki $\frac{1}{4}$ colio storio su sviestu patepto stiklo dugnu, pamirkytu cukruje.

c) Kepkite nuo 8 iki 11 minučių arba tol, kol kraštai labai švelniai paruduos. Nedelsdami pašalinkite.

78. Cukriniai amišų sausainiai

Išeiga: 24 porcijos

Ingredientas

- ½ stiklinės cukraus;
- ⅓ puodelio cukraus pudros;
- ¼ puodelio margarino; (1/2 lazdelės)
- ⅓ puodelio augalinio aliejaus
- 1 Kiaušinio; (didelis)
- 1 arbatinis šaukštelis vanilės
- 1 arbatinis šaukštelis citrinos arba migdolų skonio
- 2 šaukštai Vanduo
- 2¼ puodelio universalių miltų
- ½ arbatinio šaukštelio kepimo soda
- ½ arbatinio šaukštelio dantų akmenų kremas;
- ½ arbatinio šaukštelio druskos

Kryptys

a) Sudėkite cukrų, margariną ir aliejų į maišytuvo dubenį ir maišykite vidutiniu greičiu iki kreminės masės. Įpilkite kiaušinį, vanilę, kvapiąsias medžiagas ir vandenį ir maišykite vidutiniu greičiu 30 sekundžių, nugramdydami dubenį prieš ir po šių ingredientų pridėjimo. Sumaišykite likusius ingredientus, kad gerai susimaišytų; įpilkite į kreminį mišinį ir maišykite vidutiniu greičiu, kad susimaišytų. Iš tešlos suformuokite 24 rutuliukus, kiekvienam rutuliui po 1 šaukštą tešlos.

b) Sudėkite rutuliukus ant sausainių lakštų, kurie buvo apipurkšti keptuvės purškalu arba iškloti aliuminio folija. Suspauskite rutuliukus tolygiai iki ½ colio, o šaukšto nugarą panardinkite į vandenį. Kepkite 375 laipsnių kampu 12-14 minučių arba tol, kol sausainiai paruduos apačioje ir švelniai paruduos aplink kraštus. Išimkite sausainius ant grotelių ir atvėsinkite iki kambario temperatūros.

79. Pagrindiniai taukų cukraus sausainiai

Išeiga: 1 porcija

Ingredientas

- $\frac{3}{4}$ puodelio taukų
- $\frac{3}{4}$ puodelio supakuoto rudojo cukraus
- 1 kiaušinis
- 1 arbatinis šaukštelis vanilės
- 1 arbatinis šaukštelis Kepimo milteliai
- 2 puodeliai Miltų

Kryptys

a) Taukus, cukrų ir kiaušinį išplakite iki kreminės masės ir gerai išplakite.

b) Įmaišykite vanilę, suberkite kepimo miltelius ir miltus, kol susidarys tešla.

c) Iš tešlos suformuokite maždaug 1 colio skersmens rutuliukus ir padėkite ant sausainių skardos.

d) Pirštais šiek tiek suplokite rutuliukus, kad susidarytų apvalus sausainis.

e) Kepkite iki 350 laipsnių įkaitintoje orkaitėje, kol kraštai gražiai paruduos. Išimkite ir palikite atvėsti.

80. Cinamoniniai cukraus sausainiai

Išeiga: 48 porcijos

Ingredientas

- 2½ stiklinės miltų
- ½ stiklinės sviesto
- 2½ arbatinio šaukštelio Kepimo miltelių
- ¾ puodelio cukraus
- ¼ arbatinio šaukštelio druskos
- 1 Kiaušinio; sumuštas
- ⅛ arbatinio šaukštelio cinamono
- ½ puodelio pasukų
- Cukraus Mišinys
- ½ stiklinės cukraus
- 1 arbatinis šaukštelis cinamono

Kryptys

a) Miltus sumaišykite su kepimo milteliais, druska ir ⅛ arbatiniu šaukšteliu cinamono. Kitame dubenyje sutrinkite grietinėlę ir cukrų iki šviesios ir purios masės.

b) Įmušame kiaušinį ir gerai išplakame. Įmaišykite ⅓ miltų, tada supilkite pieną ir likusius miltus, maišydami kiekvieną kartą.

c) Nedėkite daugiau miltų, gausis minkšta tešla, kuri atvėsus nebus lipni. Atšaldykite tešlą šaldytuve porai valandų, kol ji visiškai atvės.

d) Paimkite šaukštus tešlos ir švelniai suformuokite rutuliukus. Tešlos rutuliukus apvoliokite cinamono/cukraus mišinyje, tada išlyginkite ir dėkite ant riebalais išteptos sausainių skardos ir kepkite 375 laipsnių temperatūroje apie 12 minučių.
e) Sausainiai turi būti švelniai rudi.

81. Susmulkinti cukraus sausainiai

Išeiga: 48 porcijos

Ingredientas

- 1¼ puodelio cukraus
- 1 puodelis sviesto, suminkštintas
- 3 dideli kiaušinių tryniai, išplakti
- 1 arbatinis šaukštelis vanilės ekstrakto
- 2½ puodelio išsijotų universalių miltų
- 1 arbatinis šaukštelis Kepimo soda
- ½ arbatinio šaukštelio dantų akmenų kremas

Kryptys

a) Įkaitinkite orkaitę iki 350 laipsnių. Lengvai sutepkite du sausainių lakštus. Sumaišykite cukrų ir sviestą iki šviesios masės. Įmuškite trynius ir vanilę.

b) Išsijokite išmatuotus išsijotus miltus, sodą ir grietinėlę, tada įmaišykite į sviestinio cukraus mišinį.

c) Iš tešlos suformuokite graikinio riešuto dydžio rutuliukus. Ant sausainių lakštų dėkite 2 colių atstumu. Neišlyginkite. Kepkite apie 11 minučių, kol viršus suskils ir taps spalvos. Atvėsinkite ant grotelių. Padaro 4 dešimtys.

82. Pekano cukraus sausainiai

Išeiga: 1 porcija

Ingredientas

- 1¼ puodelio cukraus, šviesiai rudo vandens
- 3 šaukštai medaus
- 1 Kiaušinis
- 2⅓ puodelio miltų
- 1 puodelis pekano riešutų, stambiai sumaltų
- 2½ šaukšto cinamono
- 1 valgomasis šaukštas kepimo soda
- 1 valgomasis šaukštas kvapiųjų pipirų

Kryptys

a) Dubenyje sumaišykite rudąjį cukrų, vandenį, medų ir kiaušinį. Plakite mikseriu apie 10 sekundžių.
b) Atskirame dubenyje sumaišykite miltus, pekano riešutus, cinamoną, kvapiuosius pipirus ir soda, kepimo miltelius, gerai išmaišykite.
c) Sudėkite į šlapius ingredientus ir išmaišykite. Supilkite tešlą po arbatinį šaukštelį ant riebalais išteptos sausainių skardos. Kepkite 375 laipsnių temperatūroje 12 minučių.
d) Padaro apie 3 dešimtis sausainių. Prieš laikydami leiskite gerai atvėsti.

KEKUČIAI IR KELIAI

83. Lemon Cake Mix Cupcakes

Padaro 2 tuzinus

Ingridientai

- 1 pakuotė baltojo šokoladinio pyrago mišinio
- 1/4 puodelio citrinų varškės
- 3 šaukštai citrinos sulčių
- 3 arbatinius šaukštelius nutarkuotos citrinos žievelės
- 1/2 puodelio sviesto, suminkštinto
- 3-1/2 stiklinės konditerinio cukraus
- 1/4 puodelio braškių uogienės be sėklų
- 2 šaukštai 2% pieno

Kryptys

a) 24 bandelių puodelius išklokite popieriniais įdėklais.

b) Paruoškite pyrago mišinio tešlą pagal pakuotės nurodymus, prieš maišydami tešlą, sumažindami vandenį 4 šaukštais ir įpildami citrinos varškės, citrinos sulčių, citrinos žievelės.

c) Paruoštus puodelius užpildykite maždaug dviem trečdaliais.

d) Kepkite ir atvėsinkite keksiukus, kaip nurodyta.

e) Dideliame dubenyje iki vientisos masės išplakite sviestą, konditerių cukrų, uogienę ir pieną. Šalčiui atvėsę keksiukai.

84. Šokoladiniai karameliniai keksiukai

Padaro 2 tuzinus

Ingridientai

- 1 pakuotė šokoladinio pyrago mišinio
- 3 šaukštai sviesto
- 24 karamelės
- 3/4 puodelio pusiau saldaus šokolado drožlių
- 1 puodelis kapotų graikinių riešutų
- Papildomi graikiniai riešutai

Kryptys

a) Paruoškite pyrago mišinio tešlą pagal keksiukų pakuotės instrukcijas, naudodami sviestą.

b) Trečdaliu užpildykite 24 popieriumi išklotus bandelių puodelius; likusią tešlą atidėkite į šalį. Kepkite 350° temperatūroje 7-8 minutes arba tol, kol pyrago viršus atrodys sustingęs.

c) Į kiekvieną keksiuką švelniai įspauskite po karamelę; pabarstykite šokolado drožlėmis ir graikiniais riešutais. Ant viršaus uždėkite likusią tešlą.

d) Kepkite 15-20 minučių ilgiau arba tol, kol dantų krapštukas išeis švarus.

e) Atvėsinkite 5 minutes, prieš iškeldami iš keptuvių ant grotelių, kad visiškai atvėstų.

85. Purvo pyrago keksiukai

Markė: 24

Ingridientai

- 1 18,25 uncijos dėžutės šokoladinio pyrago mišinys ir ant dėžutės reikalingi ingredientai
- 3 šaukštai sviesto
- 1 16 uncijų kubilas šokoladinis glajus
- 2 puodeliai trupintų šokoladinių sumuštinių sausainių
- Šokolado sirupas papuošimui
- 1 8 uncijų pakuotė gumos kirminų

Kryptys
a) Paruoškite ir kepkite keksiukus pagal pyrago mišinio instrukcijas.
b) Leiskite keksiukams visiškai atvėsti prieš glaistydami.
c) Ant viršaus aptepkite sausainių trupiniais ir apšlakstykite šokolado sirupu.
d) Per pusę guminių kirminų. Kiekvieną nupjautą kraštą padėkite į šerkšną, kad sukurtumėte purve slystančio slieko iliuziją.

86. Tortų mišinys Moliūgų bandelės

Markė: 24

Ingridientai

- 1 29 uncijų skardinė moliūgų tyrė
- 1 16,4 uncijos dėžutės šokoladinio pyrago mišinys
- 3 šaukštai aliejaus

Kryptys

a) Įkaitinkite orkaitę pagal pyrago mišinio instrukcijas, naudodami aliejų.
b) Muffin formeles išklokite popieriniais kepimo puodeliais.
c) Sumaišykite moliūgų tyrę į pyrago mišinį. Supilstyti į bandelių formeles.
d) Kepkite pagal bandelių mišinio instrukcijas.

87. Tortų mišinys Praline Cupcakes

Padaro: 24 keksiukai

Ingridientai

- 1 18,25 uncijos dėžutės šokoladinio pyrago mišinys
- 1 puodelis pasukų
- ¼ puodelio alyvuogių aliejaus
- 4 kiaušiniai
- Karamelės ledų užpilas
- Susmulkinti pekano riešutai papuošimui
- 72 pralines

Kryptys
a) Įkaitinkite orkaitę iki 350°F. Muffin formą išklokite popieriniais kepimo puodeliais.
b) Dideliame dubenyje sumaišykite pyrago mišinį, pasukas, aliejų ir kiaušinius ir elektriniu plaktuvu plakite mažu greičiu, kol susidarys vientisa tešla. Kepimo puodelius užpildykite iki pusės.
c) Kepkite 15 minučių arba kol viršus taps auksinės spalvos. Išimkite keksiukus iš orkaitės ir leiskite visiškai atvėsti prieš dedant priedus.
d) Viršutiniai keksiukai su karameliniu užpilu; pabarstykite pekano riešutais ir papuoškite 3 pyragėliais.

88. Piña Colada keksiukai

Padaro: 24 keksiukai

Ingridientai

- 1 18,25 uncijos dėžutė baltojo šokolado pyrago mišinys
- 1 3,9 uncijos dėžutė greito prancūziško vanilinio pudingo mišinio
- ¼ puodelio alyvuogių aliejaus
- ½ puodelio vandens
- 2/3 puodelio šviesaus romo, padalintas
- 4 kiaušiniai
- 1 14 uncijų skardinė ir 1 puodelis susmulkintų ananasų
- 1 puodelis saldinto, susmulkinto kokoso
- 1 16 uncijų kubilo vanilinis glajus
- 1 12 uncijų kubilas be pieno plakamas užpilas
- Skrudintas kokosas papuošimui
- Kokteilių skėčiai

Kryptys
a) Įkaitinkite orkaitę iki 350°F.
b) Elektriniu maišytuvu vidutiniu greičiu sumaišykite pyrago mišinį, pudingo mišinį, aliejų, vandenį ir 1/3 puodelio romo. Po vieną įmuškite kiaušinius, lėtai plakdami tešlą.

c) Sulenkite ananasų ir kokoso skardinę. Supilkite į keptuves ir kepkite 25 minutes.
d) Norėdami paruošti glaistą, sumaišykite 1 puodelį susmulkintų ananasų, likusį 1/3 puodelio romo ir vanilinį glaistą iki tirštumo.
e) Supilkite ne pieno plakinį užpilą.
f) Visiškai atvėsusius keksiukus užšaldykite ir papuoškite skrudintu kokosu bei skėčiu.

89. Vyšnių Cola mini pyragaičiai

Markė: 24

Ingridientai

- 2 kiaušiniai
- 1 arbatinis šaukštelis vanilės
- 1 18,25 uncijos dėžutė baltojo šokolado pyrago mišinys
- 1 ¼ puodelio vyšnių skonio kolos
- 1 12 uncijų kubilas, paruoštas jūsų pasirinktas glajus

Kryptys
a) Įkaitinkite orkaitę iki 350°F.
b) Muffin formą išklokite popieriniais kepimo puodeliais. Lengvai apipurkškite kepimo purškikliu.
c) Dubenyje sumaišykite kiaušinius, vanilę, pyrago mišinį ir vyšnių kolą ir gerai išmaišykite elektriniu plaktuvu.
d) Kepkite 20 minučių.
e) Visiškai šaunūs keksiukai

90. Raudonojo aksomo keksiukai

Padaro: 24 keksiukai

Ingridientai

- 2 kiaušinių baltymai
- 2 puodeliai raudonojo aksomo pyrago mišinio
- 1 puodelis šokoladinio pyrago mišinio
- 1 12 uncijų maišelis šokolado drožlių
- 1 12 uncijų skardinė citrinų ir laimų soda
- 1 12 uncijų vonelė, paruošta tepti grietinės glaistu

Kryptys
a) Įkaitinkite orkaitę iki 350°F. Muffin formą išklokite popieriniais kepimo puodeliais.
b) Dideliame dubenyje sumaišykite kiaušinių baltymus, abu pyragų mišinius, šokolado drožles ir soda. Gerai išmaišykite, kol susidarys vientisa tešla. Supilkite tešlą į kepimo indelius.
c) Kepkite 20 minučių.
d) Leiskite keksiukams atvėsti prieš glaistydami.

91. Obuolių pyrago keksiukai

Markė: 24

Ingridientai

- 1 18,25 uncijos baltojo šokolado pyrago mišinys
- ¼ puodelio vandens
- ¼ puodelio kokosų aliejaus
- 1 kiaušinis
- 2 šaukštai paruošto moliūgų pyrago prieskonių mišinio
- 1 15 uncijų skardinės obuolių pyrago įdaras
- 1 12 uncijų vonelė kreminio sūrio glaisto

Kryptys

a) Įkaitinkite orkaitę iki 350°F. Muffin formą išklokite popieriniais kepimo puodeliais.
b) Elektriniu plaktuvu sumaišykite pyrago mišinį, vandenį, kokosų aliejų, kiaušinį ir prieskonių mišinį, kol susidarys vienalytė tešla.
c) Sulenkite pyrago įdarą. Kepimo puodelius užpildykite iki pusės. Kepkite 23 minutes.
d) Leiskite keksiukams atvėsti ant grotelių prieš glaistydami.

92. Pelės keksiukai

Padaro: 24 keksiukai

Ingridientai

- 1 18,25 uncijos dėžutės šokoladinio pyrago mišinys ir ant dėžutės reikalingi ingredientai
- 1/2 puodelio aliejaus
- 24 maži apvalūs šokoladiniai mėtiniai sausainiai, perpjauti per pusę
- 1 12,6 uncijos maišelis apvalus saldainiais dengtas šokoladas
- Plonos juodosios saldymedžio stygos
- 24 kaušeliai šokoladinių ledų

Kryptys

a) Įkaitinkite orkaitę iki 375 ° F. Muffin formą išklokite popieriniais kepimo puodeliais.
b) Paruoškite tešlą ir kepkite pagal keksiukų mišinio instrukcijas, naudodami alyvuogių aliejų.
c) Išimkite keksiukus iš orkaitės ir leiskite jiems visiškai atvėsti.
d) Išimkite keksiukus iš popierinių puodelių.
e) Naudodami perpus perpjautus apvalius sausainius ausims, saldainius akims ir nosiai, saldymedį – ūsams, papuoškite keksiukus taip, kad jie būtų panašūs į peles. Padėkite ant sausainių skardos ir užšaldykite.

93. Šokoladiniai bandelės Kirsch

Gamina: 6-8

Ingridientai:

- 1/2 arbatinio šaukštelio. kepimo soda
- 1/2 puodelio sviesto
- ½ puodelio grubiai supjaustyto tamsaus šokolado
- 3/4 puodelio rudojo cukraus
- 1/4 puodelio nesaldintos kakavos miltelių
- 3/4 puodelio pieno
- 1 1/4 puodelio savaime kylančių miltų
- 2 kiaušiniai
- 15 uncijų tamsių vyšnių sirupe
- 1 valgomasis šaukštas kakavos
- Papildomai 1 arbatinis šaukštelis. cukraus pudra

Kryptys

a) Nustatykite orkaitę iki 350 ° F. Paruoškite 12 skylučių keksų padėkliuką su įdėklais. Sumaišykite sviestą ir cukrų, įmušdami po vieną kiaušinį.
b) Paimkite kepimo sodą, kakavą ir miltus ir persijokite kartu su ankstesniu sviesto mišiniu.
c) Užbaikite sumaišykite su pienu, šokoladu ir kartu su sviesto mišiniu iš anksčiau.
d) Užbaikite sumaišydami su pienu, šokoladu ir 25 minutes. Požymis, kad keksiukai pagaminti, yra švaraus dantų krapštuko bandymas.
e) Kai jis iškeps, padėkite jį nuo ugnies ir leiskite atvėsti, kol gamins glajų. Šerkšnokite ir mėgaukitės!

94. Morkų bandelės

Gamina: 10-12

Ingridientai:

- 1¾ stiklinės miltų
- 1 arbatinis šaukštelis druskos
- 1 arbatinis šaukštelis cinamono
- 1 arbatinis šaukštelis malto imbiero
- ½ arbatinio šaukštelio tarkuoto muskato riešuto
- ¼ arbatinio šaukštelio kepimo sodos
- ⅛ arbatinio šaukštelio kepimo miltelių
- 1 puodelis klevų sirupo
- ½ puodelio kieto kokosų aliejaus ištirpęs
- ½ puodelio pieno
- 1 valgomasis šaukštas šviežių citrinų sulčių
- 1 arbatinis šaukštelis vanilės ekstrakto
- 2 puodeliai tarkuotų morkų
- ½ puodelio susmulkintų ananasų, nusausintų
- ½ puodelio kiekvienos razinos, kokoso ir pekano riešutų

Kryptys

a) Įkaitinkite orkaitę iki 350 ° F. Dvi 12 puodelių bandelių formeles išklokite bandelių popieriumi arba riebalais ir pabarstykite jas miltais.
b) Dideliame dubenyje sumaišykite miltus, druską, cinamoną, imbierą, muskato riešutą, soda ir kepimo miltelius.
c) Atskirame dubenyje sumaišykite klevų sirupą, kokosų aliejų, pieną, citrinos sultis ir vanilę.
d) Sumaišykite šlapius ir sausus ingredientus, tada švelniai sulenkite, kol viskas susimaišys

e) Sulenkite morkas, ananasus, razinas, kokosus ir pekano riešutus.
f) Paruoštas bandelių formeles užpildykite dviem trečdaliais. Leiskite pyragui kepti apie 25 minutes.
g) Prieš patiekdami leiskite jiems šiek tiek atvėsti.

95. Romo razinų keksiukai

Ingridientai:

Romo razinos
- ¼ puodelio tamsaus romo
- ½ puodelio auksinių razinų

Keksiukai
- 1 puodelis universalių miltų
- 1¼ arbatinio šaukštelio kepimo miltelių
- ¼ arbatinio šaukštelio malto cinamono
- ⅛ arbatinio šaukštelio maltų kvapiųjų pipirų
- ⅛ arbatinio šaukštelio šviežiai tarkuoto muskato riešuto
- ½ puodelio sviesto, šiek tiek suminkštinto
- 2 šaukštai nesūdyto sviesto, šiek tiek suminkštinto
- ¾ puodelio šviesiai rudojo cukraus
- 3 dideli kiaušiniai
- 1 valgomasis šaukštas gryno vanilės ekstrakto
- ¼ arbatinio šaukštelio gryno romo ekstrakto

Saldus kreminis glaistymas
- ¼ puodelio nesūdyto sviesto
- ½ puodelio riebios grietinėlės
- 2 stiklinės cukraus pudros, išsijoti
- ⅛ arbatinio šaukštelio druskos

Kryptys

a) Paruoškite romo razinas: nedideliame puode pašildykite romą ant silpnos ugnies.
b) Įmaišykite razinas ir padėkite jas nuo ugnies.
c) Sudėkite mišinį į dubenį, tada uždenkite plėvele ir palikite kambario temperatūroje bent 6 valandas arba per naktį.
d) Paruoškite keksiukus: Įkaitinkite orkaitę iki 180 laipsnių

e) Į bandelių formą sudėkite popierinius įdėklus. Vidutiniame dubenyje sumaišykite miltus, kepimo miltelius, cinamoną, kvapiuosius pipirus ir muskato riešutą.
f) Atidėti. Dideliame dubenyje elektriniu plaktuvu suplakite sviestą, įprastą sviestą ir rudąjį cukrų vidutiniu arba dideliu greičiu, kol pamatysite, kad jis taps šviesus ir panašus į debesis, palaipsniui įmuškite kiaušinius, gerai išplakdami kiekvieną kartą.
g) Įmaišykite vanilės ir romo ekstraktus. Sumažinkite maišytuvo greitį iki mažo, suberkite miltų mišinį ir maišykite, kol viskas susimaišys.
h) Supilkite romo razinas ir likusį skystį. Supilkite keksiukų tešlą į keptuvę.
i) Kepkite maždaug 20-25 minutes arba tol, kol taps auksinės rudos spalvos, o dantų krapštukas, įsmeigtas į keksiuko centrą, bus švarus.
j) Leiskite atvėsti skardoje 5 minutes, tada perkelkite ant grotelių, kad visiškai atvėstų. Keksiukus be glaisto galima laikyti iki 3 mėnesių.
k) Paruoškite saldaus grietinėlės glaistą:
l) Vidutiniame dubenyje elektriniu plaktuvu išplakite sviestą vidutiniu greičiu iki kreminės masės.
m) Sumažinkite greitį iki vidutinio ir įpilkite grietinėlės bei 1 puodelį cukraus pudros; plakite, kol gerai susimaišys. Lėtai įpilkite likusį 1 puodelį cukraus ir druskos.
n) Įdėkite glaistą į maišelį su pasirinktu antgaliu ir sutrinkite keksiukus arba tiesiog užtrinkite sviesto peiliu ar maža kompensacine mentele.
o) Sušalusius keksiukus laikykite sandariame inde šaldytuve iki 1 savaitės.

96. Karšti šokoladiniai keksiukai

Padaro: 2-4

Ingridientai:

- ½ puodelio universalių miltų
- 1 arbatinis šaukštelis. Kepimo milteliai
- Žiupsnelis druskos
- 1/3 puodelio kakavos
- ½-1 t aitriųjų raudonųjų pipirų dribsnių
- 2 šaukštai aliejaus
- Nedaug ½ puodelio pieno
- ½ arbatinio šaukštelio. Vanilė
- ¼ arbatinių šaukštelių. Obuolių sidro actas
- ¼ puodelio cukraus

Kryptys

a) Įkaitinkite orkaitę iki 365°. Sumaišykite miltus, kepimo miltelius, druską ir cukrų. Plakti! Sudėkite šlapius ingredientus ir plakite iki vientisos masės.
b) Užpildykite 4-5 keksiukų įdėklus 2/3.
c) Kepkite 20 minučių arba tol, kol dantų krapštukas išeis švarus.
d) Prieš užšaldydami leiskite visiškai atvėsti.

97. Bananų trupiniai

Gamina: 8-10

Ingridientai

- 1 ½ stiklinės miltų
- 1/3 puodelio sviesto
- 3 trintų bananų
- 3/4 puodelio cukranendrių cukraus
- 1/3 puodelio supakuoto rudojo cukraus
- 1 arbatinis šaukštelis. kepimo soda
- 1 arbatinis šaukštelis. kepimo milteliai
- 1/2 arbatinio šaukštelio. Valgomoji druska
- 1 kiaušinis
- 2 Valgomieji šaukštai Miltų
- 1 Valgomojo šaukštelio sviesto
- 1/8 arbatinių šaukštelių. malto cinamono

Nurodymai:

a) Įkaitinkite orkaitę iki 350 f. ir lengvai sviestu patepkite 10 puodelių bandelių padėkliuką. Išimkite didelį dubenį ir sumaišykite 1,5 puodelio miltų, soda, kepimo miltelius ir druską.

b) Atskirame dubenyje sumaišykite sutrintus bananus, kiaušinį, cukranendrių cukrų ir 1/3 puodelio lydyto sviesto.

c) Įmaišykite šį mišinį į pirmąjį mišinį, kol jis tiesiog susimaišys. Šią tešlą tolygiai paskirstykite į riebalais išteptus arba sviestu išteptus bandelių puodelius.

d) Kitame dubenyje sumaišykite rudąjį cukrų, cinamoną ir 2 šaukštus miltų. Supjaustykite 1 valgomąjį šaukštą sviesto.

e) Šiuo mišiniu pabarstykite bandelių tešlą formelėse. Kepkite 18 - 20 minučių; leiskite atvėsti ant grotelių ir mėgaukitės.

98. Citrininiai kokoso bandelės

Gamina: 8-10

Ingridientai:

- 1 1/4 puodelio migdolų miltų
- 1 puodelis susmulkinto nesaldinto kokoso
- 2 šaukštai kokosų miltų
- 1/2 arbatinio šaukštelio. kepimo soda
- 1/2 arbatinio šaukštelio. kepimo milteliai
- 1/4 arbatinių šaukštelių. druskos
- 1/4 puodelio medaus (neapdoroto)
- 1 citrinos sultys ir žievelė
- 1/4 puodelio riebaus kokosų pieno
- 3 kiaušiniai, išplakti
- 3 šaukštai kokosų aliejaus
- 1 arbatinis šaukštelis. Vanilės ekstraktas

Nurodymai:

a) Įkaitinkite orkaitę iki 350 f. Nedideliame dubenyje sumaišykite visus šlapius ingredientus. Vidutiniame dubenyje sumaišykite visus sausus ingredientus. Dabar supilkite šlapius ingredientus į sausų ingredientų dubenį ir įmaišykite į tešlą.
b) Palikite tešlą keletą minučių, tada vėl išmaišykite. Dabar ištepkite keksų formą riebalais ir užpildykite kiekvieną maždaug dviem trečdaliais. Pašaukite į orkaitę ir kepkite apie 20 minučių.
c) Patikrinkite bandelės paruošimą įsmeigę dantų krapštuką į centrą ir, jei jis išeis švarus, vadinasi, galite pradėti. Išimkite iš orkaitės, leiskite atvėsti minutę ir patiekite!

99. Prancūziški skrudinta pyragaičiai

Gamintojas: 12

Ingridientai:

Užpilas

- ¼ puodelio universalių miltų
- ¼ puodelio cukraus
- 2½ šaukšto nesūdyto sviesto, supjaustyto ½ colio gabalėliais
- ½ arbatinio šaukštelio malto cinamono
- ¼ puodelio kapotų pekano riešutų

Keksiukai

- 1½ stiklinės universalių miltų
- 1 puodelis cukraus
- 1½ arbatinio šaukštelio kepimo miltelių
- 1 arbatinis šaukštelis malto cinamono
- ½ arbatinio šaukštelio maltų kvapiųjų pipirų
- ¼ arbatinio šaukštelio šviežiai tarkuoto muskato riešuto
- ½ arbatinio šaukštelio druskos
- ½ puodelio šiek tiek suminkštinto sviesto
- ½ stiklinės grietinės
- 2 dideli kiaušiniai
- ½ arbatinio šaukštelio klevo ekstrakto
- 4 griežinėliai šoninės

Kryptys

a) Pirmiausia reikia paruošti užpilą. Vidutiniame dubenyje sumaišykite cukrų, miltus, cinamoną, graikinius riešutus ir sviestą.

b) Pirštais įmaišykite sviestą, kol neliks gabalėlių, didesnių už mažą žirnį. Uždenkite ir šaldykite, kol paruošite naudoti.

c) Paruoškite keksiukus: įkaitinkite viryklę iki 350 °F. 12 puodelių biskvito formą išklokite popieriniais įdėklais. Didžiuliame dubenyje sumaišykite miltus, cukrų, paruošimo miltelius, cinamoną, kvapiuosius pipirus, muskato riešutą ir druską. Padėkite į saugią vietą.
d) Didžiuliame dubenyje, naudodami elektrinį trintuvą, vidutiniu greičiu plakite sviestą, grietinėlę, kiaušinius ir klevų sirupą, kol mišinys gerai susimaišys.
e) Sumažinkite maišytuvo greitį iki mažo ir įmaišykite miltų mišinį. Plakite, kol tiesiog sutvirtės. Užpildykite kiekvieną biskvito formos duobutę 2/3, kepkite maždaug 20–25 minutes arba tol, kol į keksiuko židinio tašką įsmeigtas dantų krapštukas pasakys tiesą.
f) Kol keksiukai kaista, kepkite šoninę taip, kaip jums patinka. Perkelkite ant popierinio rankšluosčio, kad nuvarvėtų aliejaus perteklius, ir leiskite atvėsti. Keksiukus reikia atšaldyti skardoje maždaug 15 minučių. Tuo metu perkelkite ant grotelių, kad visiškai atvėstų.
g) Šoninę supjaustykite į 12 dalių ir po gabalėlį įspauskite ant kiekvienos bandelės viršaus.
h) Norėdami laikyti bandeles šaldiklyje, sandariai uždarykite, ir gali išsilaikyti iki 3 mėnesių, tik bekoną praleiskite. Įkaitinkite skrudintuvo orkaitėje, kad gautumėte papildomo skanumo.

100. Kolibrio keksiukai

Gamintojas: 12

Ingridientai:

- 2 dideli prinokę bananai, sutrinti
- 1 puodelis universalaus
- 1/2 arbatinio šaukštelio. kepimo milteliai
- 1/3 puodelio ananasų (susmulkintų (nenupilkite)
- 1/2 arbatinio šaukštelio. kepimo soda
- 1/2 arbatinio šaukštelio. malto cinamono
- 1/4 arbatinių šaukštelių. druskos
- ½ puodelio sviesto, kambario temperatūros
- 1/2 stiklinės cukraus
- 2 dideli kiaušiniai
- 1 arbatinis šaukštelis. gryno vanilės ekstrakto
- 1/2 puodelio kapotų pekano riešutų
- 1 puodelis nesaldinto džiovinto kokoso
- 1/2 puodelio auksinių razinų
- Grietinėlės sūrio glaistymas
- 8 uncijos grietinėlės sūrio, kambario temperatūroje
- 1/4 puodelio sviesto, kambario temperatūros
- 3 puodeliai cukraus pudros
- 2 arbatiniai šaukšteliai vanilės ekstrakto

Nurodymai:

a) Įkaitinkite orkaitę iki 350 laipsnių, padėkite lentyną į centrą. Ruošdami išklokite 12 puodelių bandelių formą keksiukų įdėklais.
b) Dubenyje sumaišykite bananus ir ananasus.

c) Sutrinkite kartu su šakute ir atidėkite į šalį. Atskirame vidutinio dydžio dubenyje išplakite arba suplakite miltus, kepimo miltelius, soda, cinamoną ir druską.
d) Į didelį dubenį sudėkite sviestą ir cukrų. Plakite šluotele, kol masė taps puri ir šviesi. Palaipsniui įmuškite kiaušinius ir vanilės ekstraktą. Sausus ingredientus supilkite į šlapius šaukštus ir plakite iki vientisos masės.
e) Įmaišykite ananasus ir bananus, stenkitės nepermaišyti. Sulenkite pekano riešutus, kokosą ir auksines razinas (jei naudojate). Supilkite tešlą į įdėklus, taip, kad užpildytumėte bent 2/3 dalies. Įdėkite ji į orkaitę ir kepkite apie 30-40 minučių.
f) Užbaigtų keksiukų ženklai bus dantų krapštukas, kuris išeina švarus ir išoriškai auksinės spalvos.
g) Išimkite iš orkaitės ir padėkite ant grotelių, kad atvėstų. Kai tai pasieksite, naudokite mažą mentele arba virtuvinį peilį, kad apledėtų kiekvieno keksiuko viršus. Ant viršaus užberkite smulkiai pjaustytų pekano riešutų.

Glaistymas (grietinėlės sūris)

h) Kreminį sūrį ir sviestą sudėkite į dubenį, tada plakite plaktuvu iki vientisos masės ir be gabalėlių.
i) Tada supilkite vanilės ekstraktą ir smulkųjį cukrų, nuolat plakdami iki vientisos masės.

IŠVADA

Kaip ir bet kuris kūrybinis užsiėmimas, kepimas yra saviraiškos forma, padedanti sumažinti stresą. Receptas yra tik receptas, kol kepėjas neatvyksta jo pagaminti – į jį įliedamas šiek tiek savo aistros, kūrybiškumo ir meilės. Kepimas netgi gali būti naudojamas kaip bendravimo forma tais atvejais, kai žodžių neužtenka. Tai gali perteikti meilę, padėką, dėkingumą ir net užuojautą.

www.ingramcontent.com/pod-product-compliance
Lightning Source LLC
Chambersburg PA
CBHW071606080526
44588CB00010B/1034